Impressum
Verlag: BABADADA GmbH, Nedderfeld 112 , 22529 Hamburg
Geschäftsführer / Verlagsleitung: Harald Hof
Druck: Books on Demand GmbH, In de Tarpen 42, 22848 Norderstedt

Imprint
Publisher: BABADADA GmbH, Nedderfeld 112 , 22529 Hamburg, Germany
Managing Director / Publishing direction: Harald Hof
Print: Books on Demand GmbH, In de Tarpen 42, 22848 Norderstedt, Germany

Šola

School

Razred
Klassenstuuv

Deljenje
delen

186/2

Tabla
Tafel

Šolsko dvorišče
Schoolhoff

Učitelj
Schoolmeester

Papir
Papeer

Pisati
schrieven

Pisalo
Sticken

Pisalna miza
Schrievdisch

Ravnilo
Lienholt

Knjiga
Book

Učenec
Schöler

Šolska torba

Ranzel

Peresnica

Feddermapp

Svinčnik

Bleesticken

Šilček

Scharpmaker

Radirka

Radeergummi

Risalni blok

Tekenblock

Risba

Teken

Čopič

Pinsel

Vodene barvice

Malkassen

Škarje

Scheer

Lepilo

Klever

Zvezek

Heft to'n Öven

Domača naloga

Huusopgaav

Število

Tall

Seštevanje

tohooptellen

Odštevanje

aftrecken

Množenje

malnehmen

Računanje

reken

Črka

Bookstaav

Abeceda

ABC

Beseda

Woort

Besedilo

Text

Brati

lesen

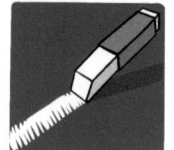

Kreda

Kried

Učna ura

Stunn

Redovalnica

Klassenbook

Preizkus znanja

Pröven

Spričevalo

Tüügnis

Šolska uniforma

Schooluniform

Izobrazba

Utbillen

Enciklopedija

Nakieksel

Univerza

Universität

Mikroskop

Mikroskop

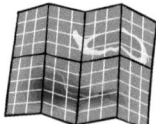

Zemljevid

Koort

Koš za smeti

Papeerkorf

Hotel
Hotel

Grand

Hostel
Harbarg

ROOMS

EXCHANGE

Menjalnica
Wesselstuuv

Kovček
Kuffer

Avtomobil
Auto

Jezik

Spraak

da / ne

jo / ne

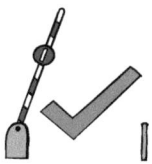

Prav

Jo

Pozdravljeni

Moin

Prevajalec

Översetter

Hvala

Dank ok

Koliko stane...?

Wat kost...?

Ne razumem

Ik verstah nich

Težava

Problem

Dober večer!

Goden Avend

Dobro jutro!

Moin!

Lahko noč!

Gode Nacht!

Nasvidenje

Tschüüs

Smer

Richt

Prtljaga

Bagaasch

Torba

Tasch

Nahrbtnik

Rüchsack

Gost

Gast

Soba

Stuuv

Spalna vreča

Slaapsack

Šotor

Telt

Turistične informacije

Touristeninformatschoon

Plaža

Strand

Kreditna kartica

Kreditkoort

Zajtrk

Fröhstück

Kosilo

Meddageten

Večerja

Avendeten

Vozovnica

Fohrkort

Dvigalo

Fohrstohl

Znamka

Breefmark

Meja

Grenz

Carina

Toll

Veleposlaništvo

Bottschop

Vizum

Visum

Potni list

Pass

Prevoz

Transport

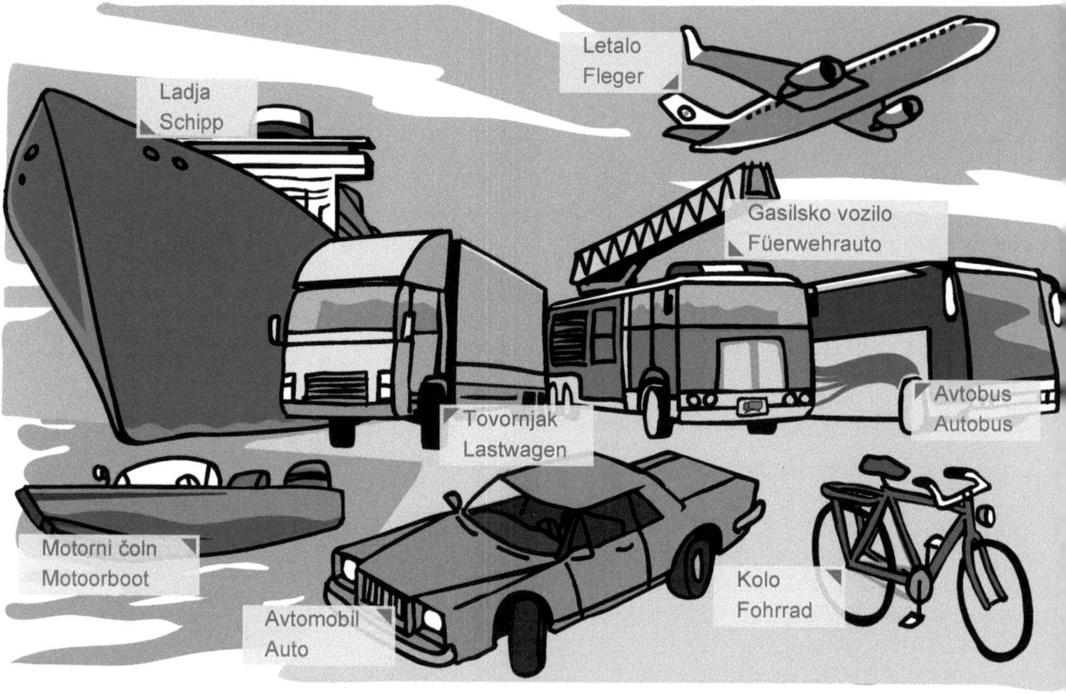
Letalo
Fleger
Ladja
Schipp
Gasilsko vozilo
Füerwehrauto
Avtobus
Autobus
Tovornjak
Lastwagen
Motorni čoln
Motoorboot
Kolo
Fohrrad
Avtomobil
Auto

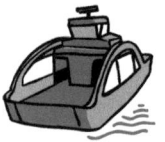

Trajekt

Fähr

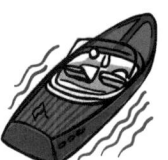

Čoln

Boot

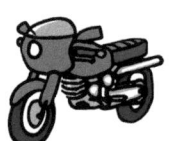

Motorno kolo

Motoorrad

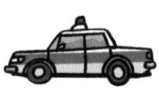

Policijski avto

Polizeiauto

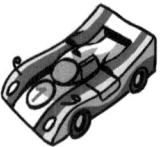

Dirkalni avto

Rönnauto

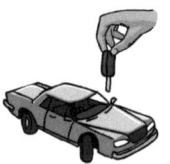

Najeto vozilo

Lehnwagen

Souporaba avtomobila

Carsharing

Avtovleka

Afsleepwagen

Smetarsko vozilo

Müllauto

Motor

Motoor

Gorivo

Kraftstoff

Bencinska postaja

Tanksteed

Prometni znak

Verkehrsschild

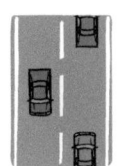

Promet

Verkehr

Zastoj

Stau

Parkirišče

Afstellplatz

Železniška postaja

Bahnhoff

Tirnice

Sporen

Vlak

Tog

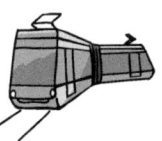

Tramvaj

Stratenbahn

Vagon

Wagon

Helikopter

Dwarsmöhl

Letališče

Flooghaven

Stolp

Tower

Potnik

Fohrgast

Kontejner

Grootkist

Karton

Karton

Voziček

Koor

Košara

Korf

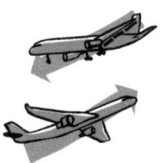

vzleteti / pristati

starten / lannen

Mesto
Stadt

Vas

Dörp

Mestno jedro

Binnenstadt

Hiša

Huus

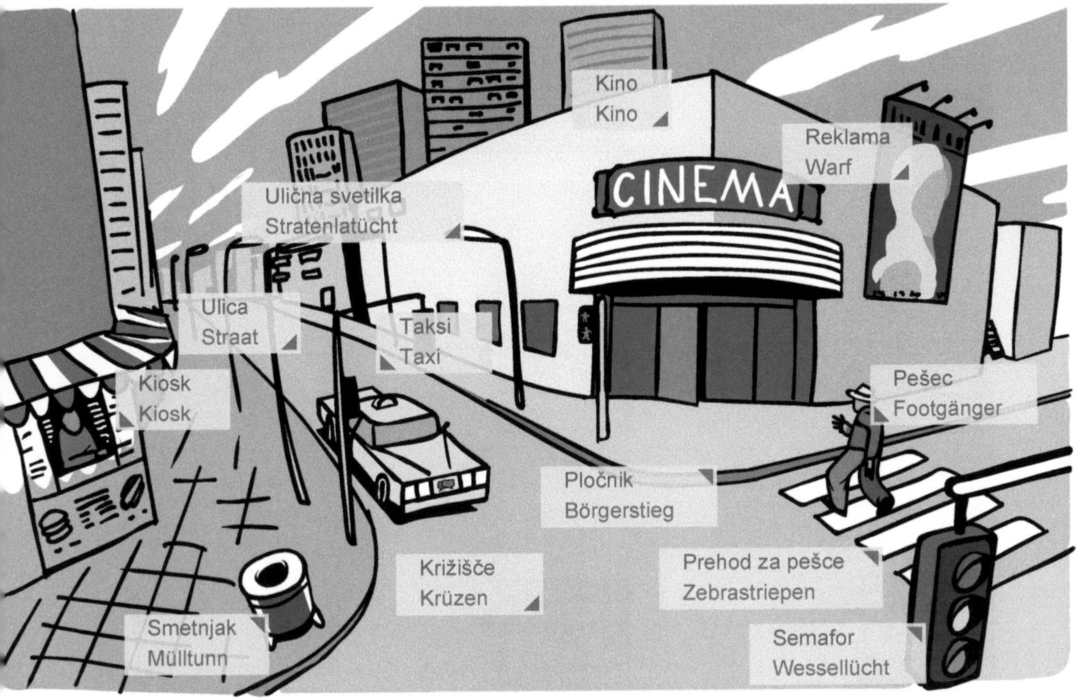

Kino
Kino
CINEMA
Reklama
Warf
Ulična svetilka
Stratenlatücht
Ulica
Straat
Taksi
Taxi
Kiosk
Kiosk
Pešec
Footgänger
Pločnik
Börgerstieg
Križišče
Krüzen
Prehod za pešce
Zebrastriepen
Smetnjak
Mülltunn
Semafor
Wessellücht

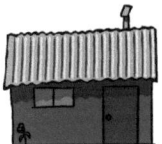

Koča

Hütt

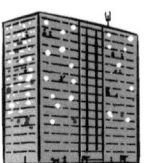

Stanovanje

Wahnung

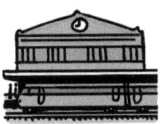

Železniška postaja

Bahnhoff

Mestna hiša

Raathuus

MUSEUM

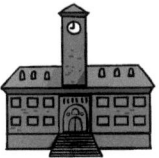

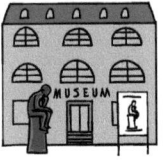

Muzej

Museum

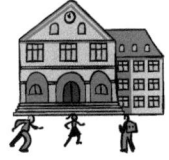

Šola

School

Univerza

Universität

Banka

Bank

Bolnišnica

Krankenhuus

Hotel

Hotel

Lekarna

Afteek

Pisarna

Büro

Knjigarna

Bookhökerie

Trgovina

Hökerie

Cvetličarna

Blomenhökerie

Supermarket

Supermarkt

Tržnica

Markt

Veleblagovnica

Koophuus

Ribarnica

Fischhökerie

Nakupovalno središče

Inkoopszentrum

Pristanišče

Haven

Park

Parkanlaag

Klop

Bank

Most

Brüch

Stopnice

Trepp

Podzemna železnica

Ünnergrundbahn

Predor

Tunnel

Avtobusno postajališče

Busstoppsteed

Bar

Bar

Restavracija

Spieslokal

Poštni nabiralnik

Breefkassen

Ulična tabla

Stratenschild

Parkirna ura

Parkklock

Živalski vrt

Deertenpark

Kopališče

Baadanstalt

Mošeja

Moschee

Kmetija
Buernhoff

Onesnaževanje
Ümweltversmudden

Pokopališče
Karkhoff

Cerkev
Kark

Otroško igrišče
Speelplatz

Tempelj
Tempel

Pokrajina
Landschop

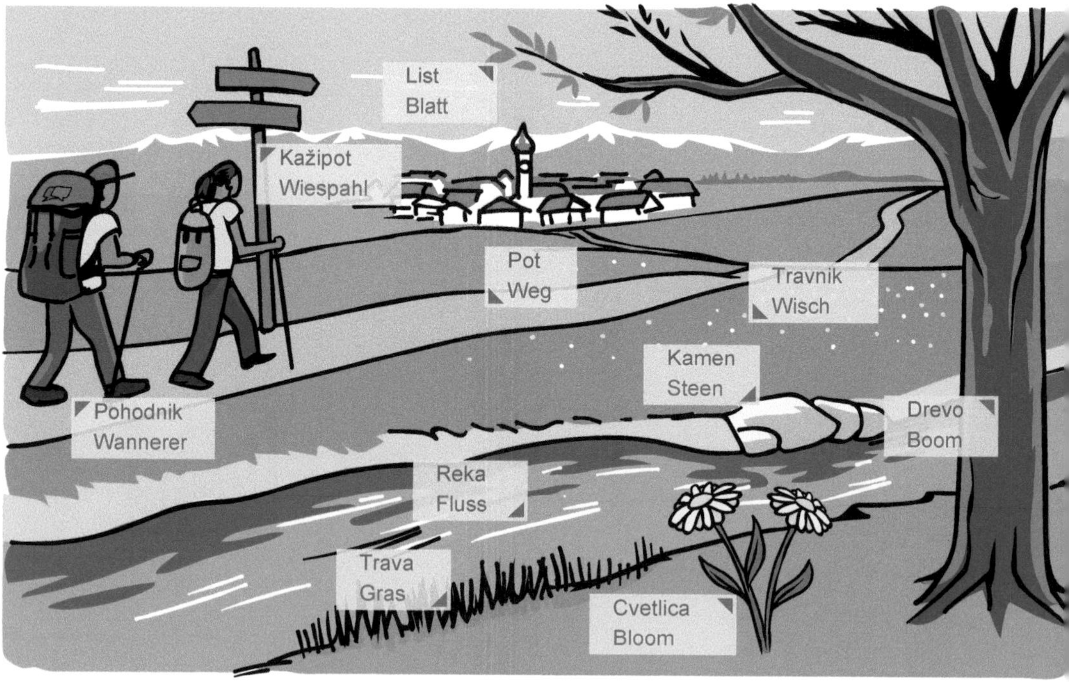

List
Blatt

Kažipot
Wiespahl

Pot
Weg

Travnik
Wisch

Kamen
Steen

Drevo
Boom

Pohodnik
Wannerer

Reka
Fluss

Trava
Gras

Cvetlica
Bloom

Dolina	Hrib	Jezero
Daal	Barg	See
	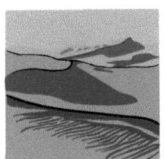	
Gozd	Puščava	Vulkan
Holt	Wööst	Füerspien Barg

Grad	Mavrica	Goba
Slott	Regenbagen	Poggenstohl

Palma	Komar	Muha
Palm	Steekmück	Fleeg

Mravlja	Čebela	Pajek
Miegeemk	Imm	Spinn

Hrošč
Sebber

Žaba
Pogg

Veverica
Katteker

Jež
Swienegel

Zajec
Haas

Sova
Uul

Ptič
Vagel

Labod
Swaan

Divji prašič
Wildswien

Jelen
Hirsch

Los
Elk

Jez
Staudamm

Vetrnica
Windrad

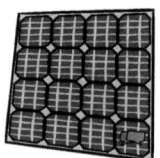

Solarna plošča
Solarmodul

Podnebje
Klima

Restavracija
Spieslokal

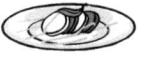

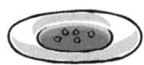

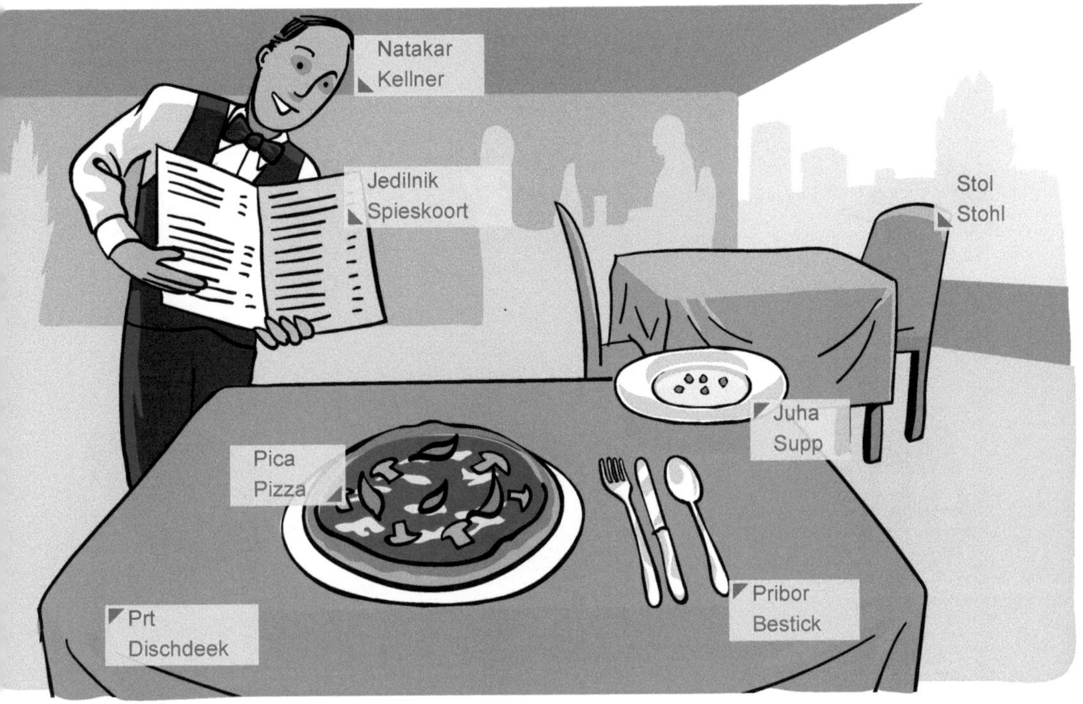
Natakar
Kellner
Jedilnik
Spieskoort
Stol
Stohl
Juha
Supp
Pica
Pizza
Prt
Dischdeek
Pribor
Bestick

Predjed

Vörspies

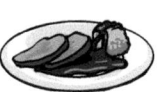

Glavna jed

Haupteten

Sladica

Nadisch

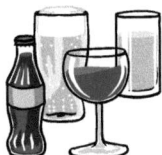

Pijače

Drünk

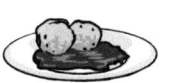

Hrana

Eten

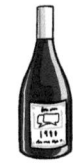

Steklenica

Buddel

Hitra hrana

Fastfood

Ulična hrana

Strateneten

Čajnik

Teekann

Sladkornica

Zuckerdoos

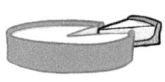

Porcija

Portschoon

Aparat za espresso

Espressomaschien

Stolček za hranjenje

Hoochstohl

Račun

Reken

Pladenj

Tablett

Nož

Mess

Vilica

Gavel

Žlica

Lepel

Čajna žlička

Teelepel

Servieta

Munddook

Kozarec

Glas

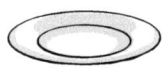

Krožnik

Töller

Globoki krožnik

Suppentöller

Krožniček

Ünnertass

Omaka

Sooß

Solnica

Soltstreuer

Mlinček za poper

Pepermöhl

Kis

Etig

Olje

Ööl

Začimbe

Krüder

Kečap

Ketchup

Gorčica

Mostrich

Majoneza

Mayonnaise

Supermarket
Supermarkt

Posebna ponudba
Anbott
FOR
Stranka
Kunn
Mlečni izdelki
Melkprodukten
Sadje
Aaft
Nakupovalni voziček
Inkoopswagen

BUTCHERS

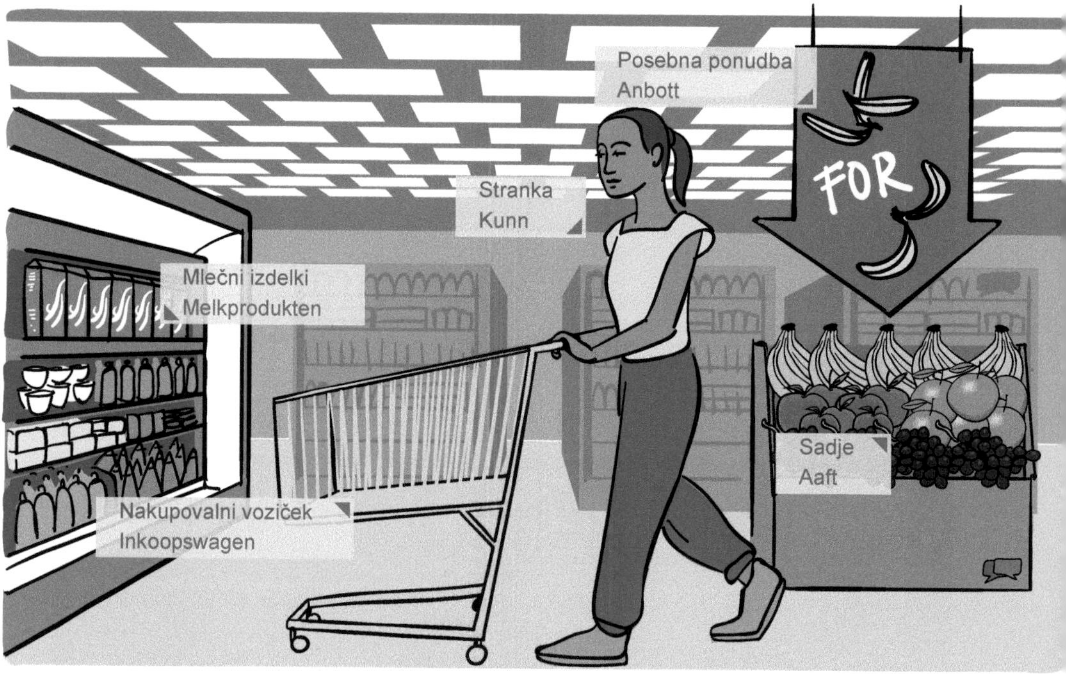

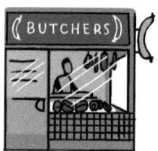

Mesnica

Slachterie

BAKERY

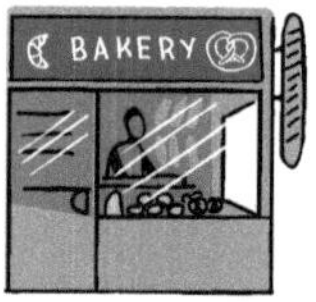

Pekarna

Bäckerie

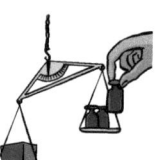

Tehtati

wegen

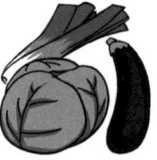

Zelenjava

Gröönsaken

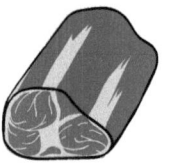

Meso

Fleesch

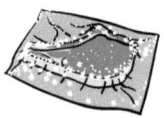

Zamrznjena hrana

Deepköhlkost

Hladne mesnine

Opsnitt

Konzerve

Konserven

Pralni prašek

Waschmiddel

Sladkarije

Snoopkraam

Gospodinjski izdelki

Huushooltssaken

Čistilno sredstvo

Reinmaaktüüch

Prodajalka

Verköpersche

Blagajna

Kass

Blagajnik

Kasserer

Nakupovalni seznam

Inkoopslist

Delovni čas

Opsparrtieden

Denarnica

Breeftasch

Kreditna kartica

Kreditkoort

Torba

Tasch

Plastična vrečka

Plastiktüüt

Voda

Water

Sok

Saft

Mleko

Melk

Kola

Cola

Vino

Wien

Pivo

Beer

Alkohol

Spriet

Kakav

Kakao

Čaj

Tee

Kava

Koffie

Espresso

Espresso

Kapučino

Cappucino

Banana

Banaan

Jabolko

Appel

Pomaranča

Appelsien

Lubenica

Meloon

Limona

Zitroon

Korenje

Wöttel

Česen

Knuuvlook

Bambus

Bambus

Čebula

Zibbel

Goba

Poggenstohl

Oreščki

Nööt

Rezanci

Nudeln

Špageti

Spaghetti

Riž

Ries

Solata

Salat

Ocvrt krompirček

Pommes frites

Pečen krompir

Braadkantüffeln

Pica

Pizza

Hamburger

Hamborger

Sendvič

Sandwich

Zrezek

Snitzel

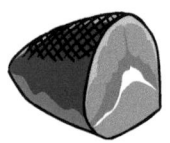

Šunka

Schinken

Salama

Salami

Klobasa

Wust

Piščanec

Hohn

Pečenka

Braden

Riba

Fisch

Ovseni kosmiči

Haverflocken

Musli

Müsli

Koruzni kosmiči

Cornflakes

Moka

Mehl

Rogljiček

Croissant

Žemlja

Rundstück

Kruh

Broot

Prepečenec

Toast

Piškoti

Keksen

Maslo

Botter

Skuta

Quark

Torta

Koken

Jajce

Ei

Pečeno jajce na oko

Spegelei

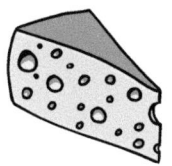

Sir

Kees

Sladoled

Ies

Sladkor

Zucker

Med

Honnig

Marmelada

Marmelaad

Čokoladni namaz

Nougat-Creme

Kari

Curry

Kmetija
Buernhoff

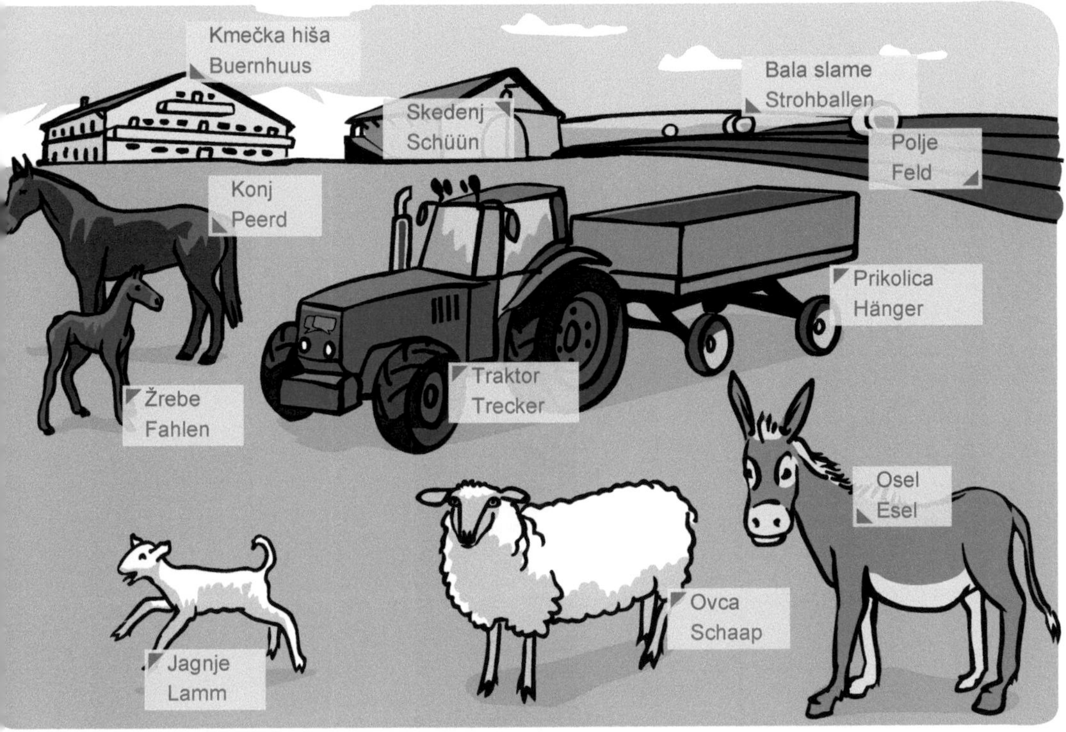
Kmečka hiša
Buernhuus
Bala slame
Strohballen
Skedenj
Schüün
Polje
Feld
Konj
Peerd
Prikolica
Hänger
Traktor
Trecker
Žrebe
Fahlen
Osel
Esel
Ovca
Schaap
Jagnje
Lamm

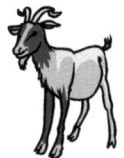

Koza

Zeeg

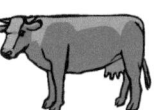

Krava

Koh

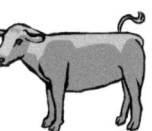

Tele

Kalf

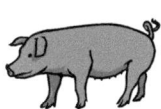

Prašič

Swien

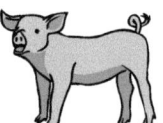

Pujsek

Farken

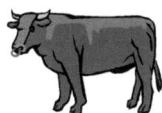

Bik

Bull

Gos

Goos

Raca

Aant

Piščanec

Küken

Kokoš

Hohn

Petelin

Hahn

Podgana

Rott

Mačka

Katt

Miš

Muus

Vol

Oss

Pes

Hund

Pasja uta

Hunnenhütt

Cev za zalivanje

Goornslauch

Kangla za zalivanje

Geetkann

Kosa

Lee

Plug

Ploog

Srp

Sich

Motika

Hack

Vile

Mestfork

Sekira

Ext

Samokolnica

Schuufkoor

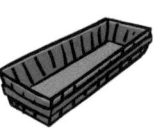

Korito

Trog

Kangla za mleko

Melkkann

Vreča

Sack

Ograja

Tuun

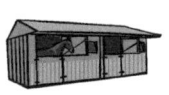

Hlev

Stall

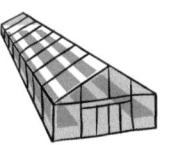

Rastlinjak

Drievhuus

Prst

Bodden

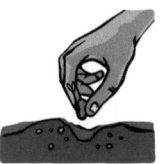

Seme

Saat

Gnojilo

Dünger

Kombajn

Meihdöscher

Žeti

oornen

Žetev

Oorn

Jam

Yamswöttel

Pšenica

Weten

Soja

Soja

Krompir

Kantüffel

Koruza

Törksche Weten

Oljna ogrščica

Rapp

Sadno drevo

Aaftboom

Maniok

Troopsch Kantüffel

Žito

Koorn

Hiša
Huus

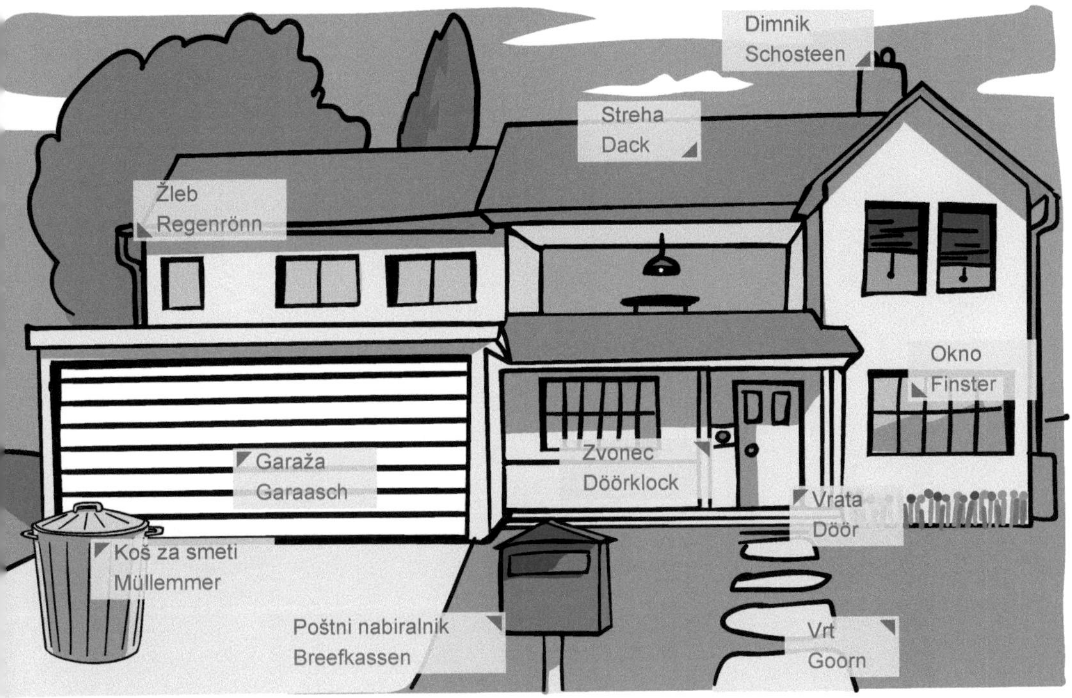
Dimnik
Schosteen
Streha
Dack
Žleb
Regenrönn
Okno
Finster
Garaža
Garaasch
Zvonec
Döörklock
Vrata
Döör
Koš za smeti
Müllemmer
Poštni nabiralnik
Breefkassen
Vrt
Goorn

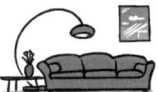

Dnevna soba

Wahnstuuv

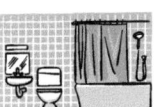

Kopalnica

Baadstuuv

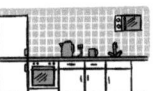

Kuhinja

Köök

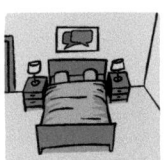

Spalnica

Slaapstuuv

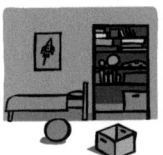

Otroška soba

Kinnerstuuv

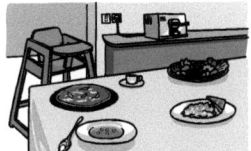

Jedilnica

Eetstuuv

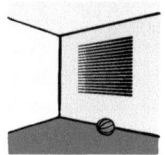

Tla

Footbodden

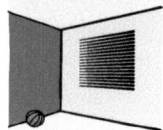

Stena

Wand

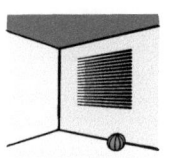

Strop

Deek

Klet

Keller

Savna

Hittluftbad

Balkon

Balkon

Terasa

Terrass

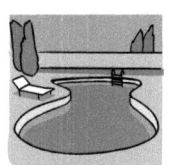

Bazen

Swümmbad

Kosilnica

Rasenmeiher

Rjuha

Bettbetog

Posteljno pregrinjalo

Bettdeek

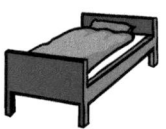

Postelja

Puuch

Metla

Bessen

Vedro

Emmer

Stikalo

Schalter

Dnevna soba
Wahnstuuv

Tapeta
Tapeet
Slika
Bild
Svetilka
Lamp
Polica
Regal
Omara
Schapp
Televizor
Kiekkassen
Kamin
Kamin
Cvetlica
Bloom
Blazina
Küssen
Zofa
Sofa
Vaza
Vaas
Daljinski upravljalnik
Feernbedenen

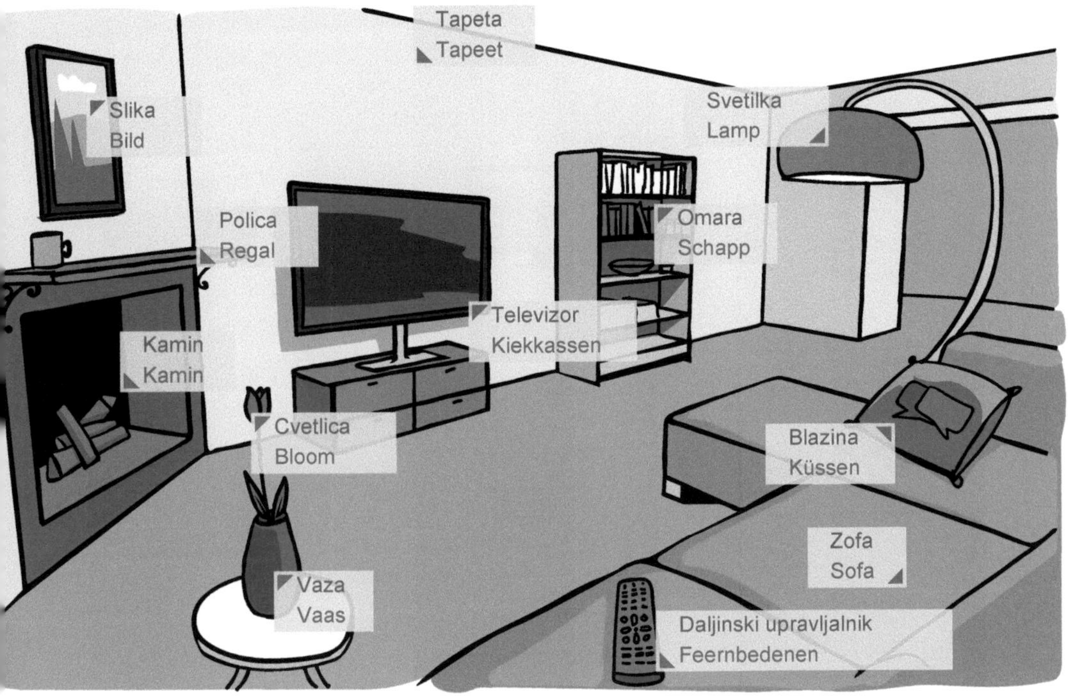

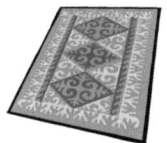

Preproga
Teppich

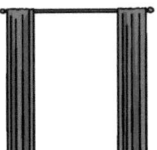

Zavesa
Vörhang

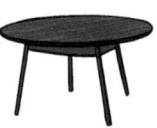

Miza
Disch

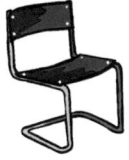

Stol
Stohl

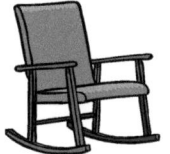

Gugalnik
Schuckelstohl

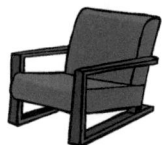

Naslanjač
Sessel

Knjiga
Book

Odeja
Deek

Dekoracija
Dekoratschoon

Drva
Füerholt

Film
Film

Glasbeni stolp
Stereoanlaag

Ključ
Slötel

Časopis
Narichtenblatt

Slika
Gemälde

Plakat
Poster

Radio
Radio

Beležka
Opschrievblock

Sesalnik
Huulbessen

Kaktus
Kaktus

Sveča
Kars

Kuhinja
Köök

Hladilnik
Köhlschapp
Mikrovalovna pečica
Mikrowell
Kuhinjska tehtnica
Kökenwaag
Opekač
Toaster
Detergent
Reinmaakmiddel
Pečica
Backaven
Zamrzovalnik
Gefreerfack
Koš za smeti
Müllemmer
Pomivalni stroj
Opwaschmaschien

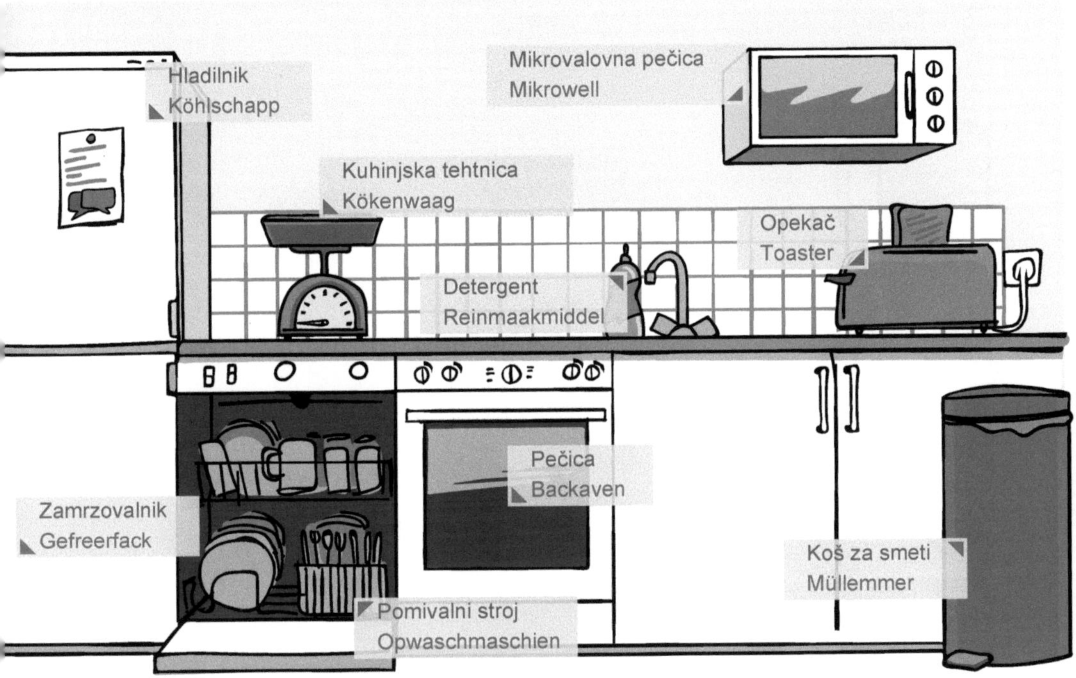

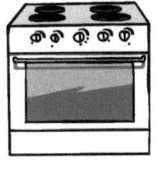

Kozica

Heerd

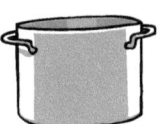

Lonec

Pott

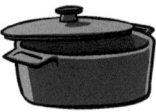

Litoželezni lonec

Gussiesern Putt

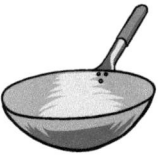

Vok / kadai

Wok / Kadai

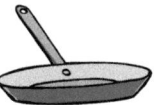

Ponev

Pann

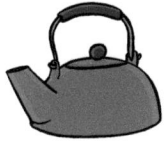

Kotliček

Waterkaker

Parni kuhalnik

Dampkaakputt

Pekač

Backblick

Posoda

Geschirr

Skodelica

Beker

Skleda

Schaal

Jedilne paličice

Eetsticken

Zajemalka

Suppenkell

Lopatica

Pannenwenner

Metlica

Sneebessen

Cedilnik

Kaakseef

Cedilo

Seef

Strgalo

Riev

Možnar

Mörser

Žar

Grill

Ognjišče

Füerstell

Deska za rezanje

Sniedbrett

Valjar

Nudelholt

Odpirač za steklenice

Proppentrecker

Pločevinka

Doos

Odpirač za konzerve

Dosenaapner

Prijemalka za posodo

Pottlappen

Korito

Waschbecken

Ščetka

Böst

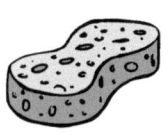

Goba

Swamm

Mešalnik

Mixer

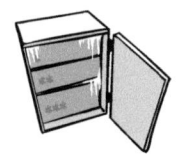

Zamrzovalna skrinja

Iesschapp

Steklenička

Nuckelbuddel

Pipa

Waterhahn

Kopalnica
Baadstuuv

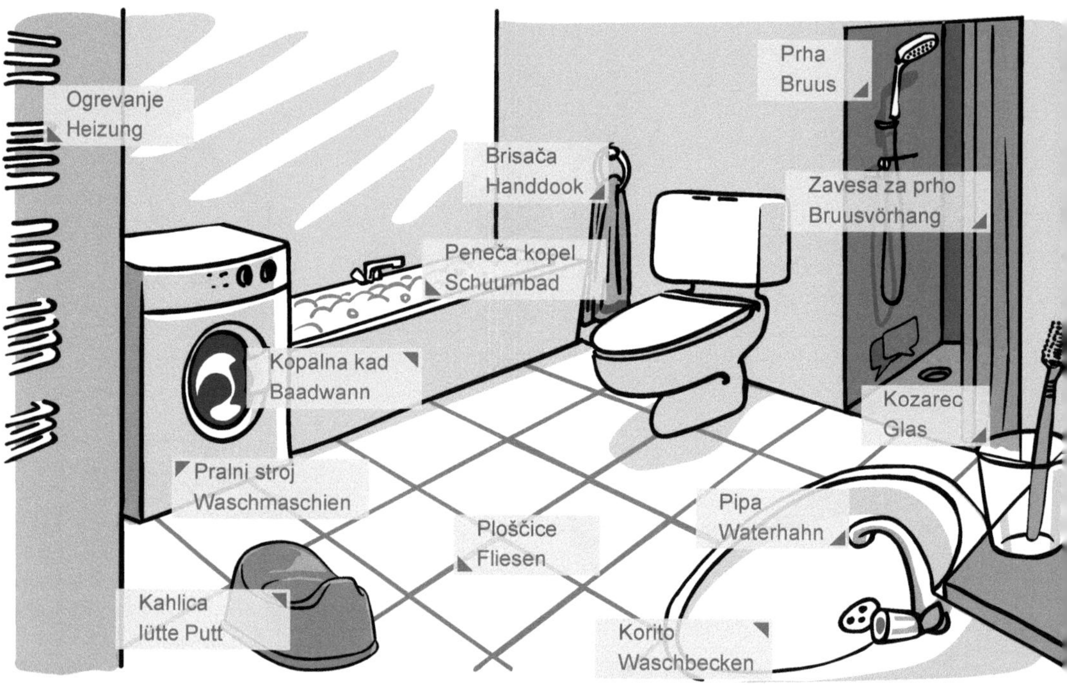

Ogrevanje
Heizung
Brisača
Handdook
Prha
Bruus
Zavesa za prho
Bruusvörhang
Peneča kopel
Schuumbad
Kopalna kad
Baadwann
Kozarec
Glas
Pralni stroj
Waschmaschien
Pipa
Waterhahn
Ploščice
Fliesen
Kahlica
lütte Putt
Korito
Waschbecken

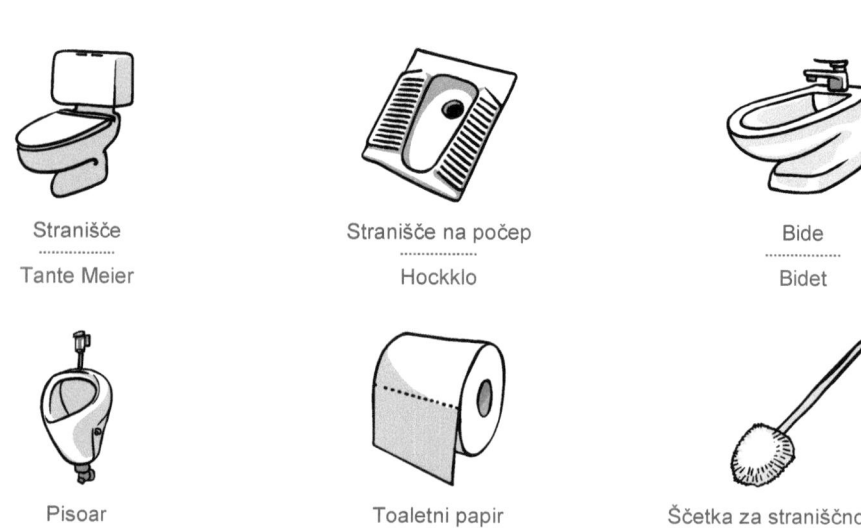

Stranišče

Tante Meier

Stranišče na počep

Hockklo

Bide

Bidet

Pisoar

Miegbecken

Toaletni papir

Klopapeer

Ščetka za straniščno školjko

Kloböst

Zobna ščetka

Tähnböst

Zobna pasta

Tähnpast

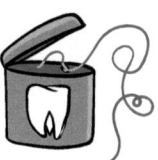

Zobna nitka

Tähnsied

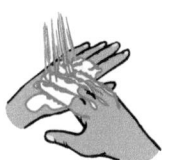

Umiti se

waschen

Ročna prha

Handbruus

Prha za intimne dele

Intimbruus

Umivalnik

Waschschöttel

Krtača za hrbet

Rüchböst

Milo

Seep

Gel za prhanje

Bruusgeel

Šampon

Hoorwaschmiddel

Krpica za miljenje

Waschlappen

Odtok

Afloop

Krema

Creme

Deodorant

Deodorant

Ogledalo

Spegel

Ročno ogledalo

Kosmetikspegel

Britvica

Raserer

Pena za britje

Raseerschuum

Vodica po britju

Raseerwater

Glavnik

Kamm

Ščetka

Böst

Sušilnik za lase

Hoordröger

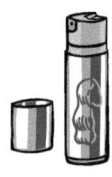

Lak za lase

Hoorspray

Ličila

Smink

Šminka

Lippensticken

Lak za nohte

Nagellack

Vatirane blazinice

Watt

Škarjice za nohte

Nagelscheer

Parfum

Rüükwater

Toaletna torbica

Kulturbüdel

Stol brez naslonjala

Schemel

Osebna tehtnica

Waag

Kopalni plašč

Baadmantel

Gumijaste rokavice

Gummihanschen

Tampon

Tampon

Damski vložki

Damenbinn

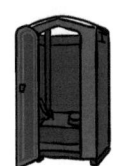

Kemično stranišče

Chemieklo

Otroška soba
Kinnerstuuv

Budilka
Wecker
Plišasta igrača
Knudeldeert
Avtomobilček
Speeltüüchauto
Ropotuljica
Klöter
Hiška za punčke
Poppenhuus
Darilo
Geschenk

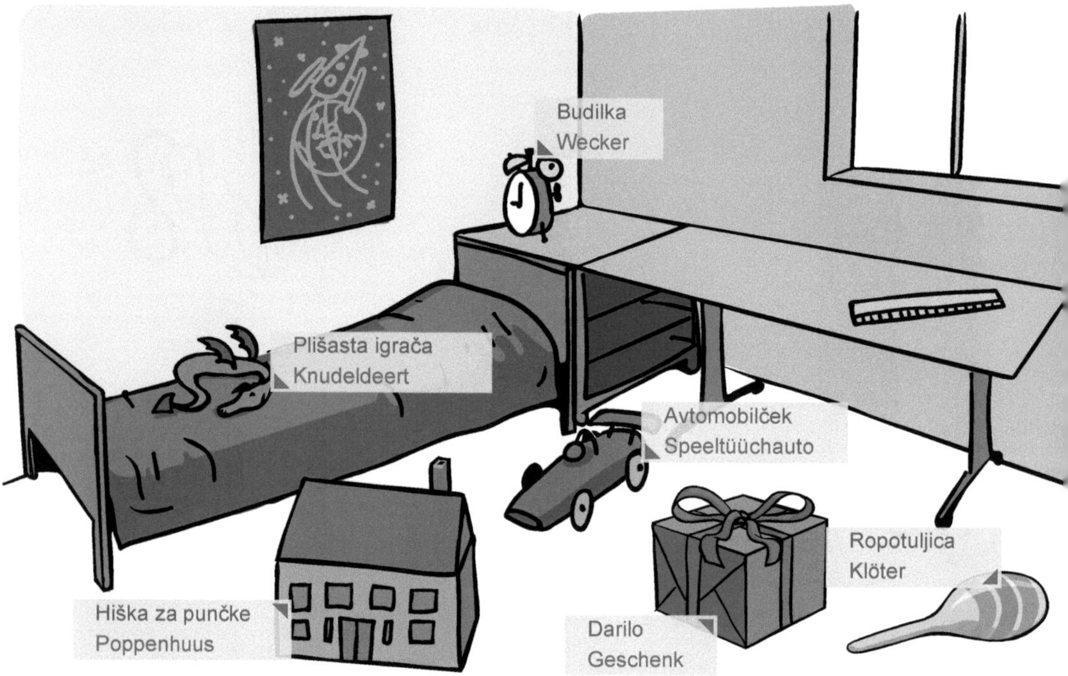

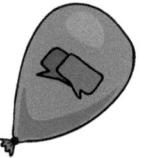

Balon

Luftballon

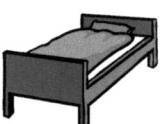

Postelja

Puuch

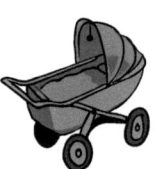

Otroški voziček

Kinnerwagen

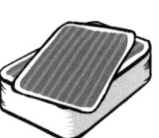

Igralne karte

Koortenspeel

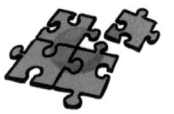

Sestavljanka

Puzzle

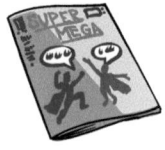

Strip

Billergeschicht

Lego kocke

Legostenen

Igralne kocke

Bustenen

Akcijska figura

Action-Figur

Bodi

Strampelantog

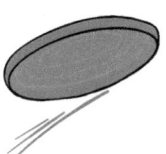

Frizbi

Frisbeeschiev

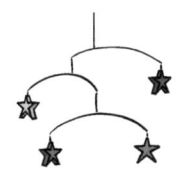

Vrtiljak za posteljico

Mobile

Namizna igra

Brettspeel

Kocka

Wörpel

Komplet modelov vlakov

Modelliesenbahn

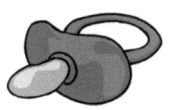

Duda

Snuller

Zabava

Party

Slikanica

Billerbook

Žoga

Ball

Lutka

Popp

Igrati se

spelen

Peskovnik

Sandkassen

Gugalnica

Schuckel

Igrače

Speeltüüch

Igralna konzola

Speelkonsool

Tricikel

Dreerad

Plišasti medvedek

Teddyboor

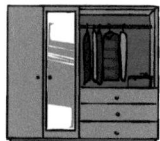

Garderoba

Klederschapp

Oblačilo
Tüüch

Nogavice

Socken

Samostoječe nogavice

Strümp

Hlačne nogavice

Strumpbüx

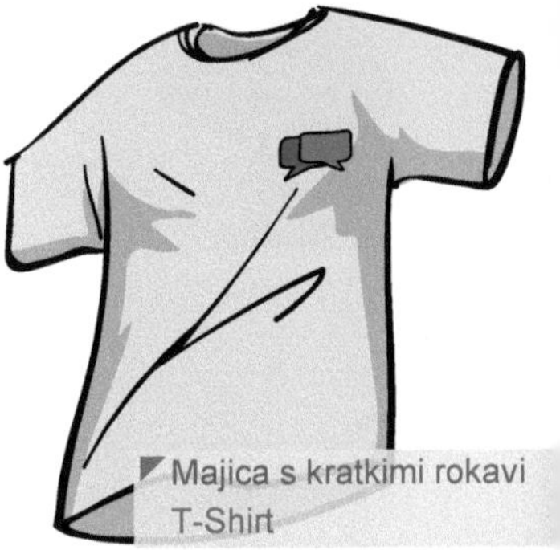

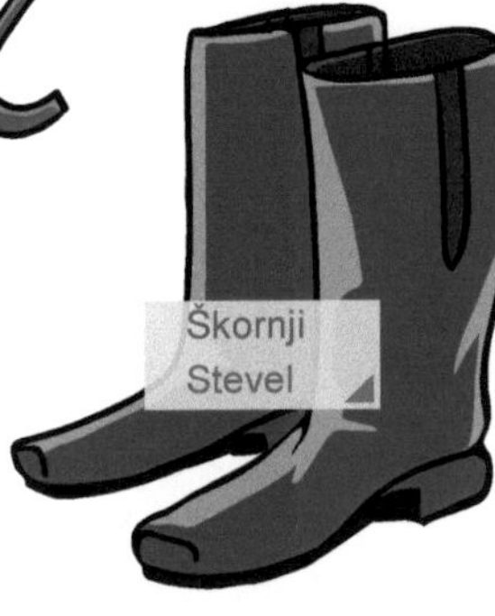

Šal
Halsdook

Pas
Liefreem

Dežnik
Paraplü

Majica s kratkimi rokavi
T-Shirt

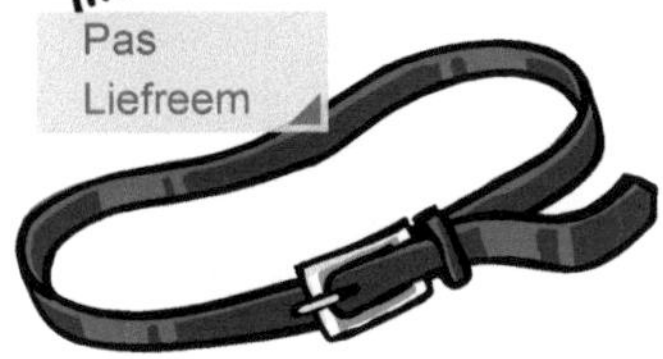

Športni copati
Turnschoh

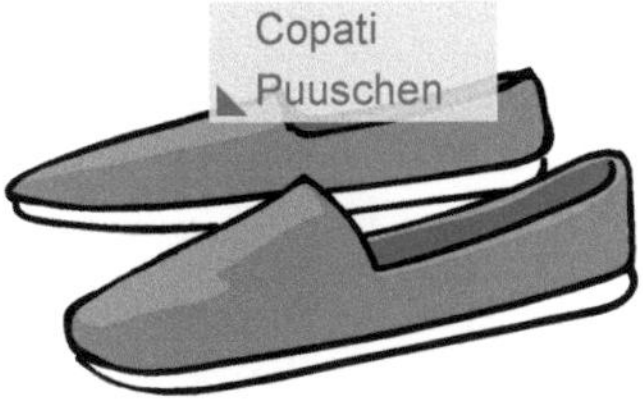

Škornji
Stevel

Copati
Puuschen

Sandali
Sandalen

Čevlji
Schoh

Gumijasti škornji
Gummistevel

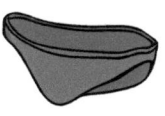

Spodnje hlače
Ünnerbüx

Modrček
Bostholler

Telovnik
Ünnerhemd

Oblačilo - Tüüch

45

Bodi

Lief

Hlače

Büx

Kavbojke

Jeansnüx

Krilo

Rock

Bluza

Bluus

Srajca

Hemd

Pulover

Pullover

Pletena jopica

Kapuzenpullover

Jopa

Blazer

Jakna

Jack

Plašč

Mantel

Dežni plašč

Övertrecker

Kostim

Kostüm

Obleka

Kleed

Poročna obleka

Hochtietskleed

Obleka

Antog

Spalna srajca

Nachtkleed

Pižama

Slaapantog

Sari

Sari

Naglavna ruta

Koppdook

Turban

Turban

Burka

Burka

Kaftan

Kaftan

Abaja

Abaya

Kopalke

Baadantog

Kopalne hlače

Baadbüx

Kratke hlače

Korte Büx

Trenirka

Antog to'n Öven

Predpasnik

Schört

Rokavice

Handschoh

Gumb

Knopp

Očala

Brill

Zapestnica

Armband

Verižica

Halskeed

Prstan

Ring

Uhan

Ohrbummel

Kapa

Mütz

Obešalnik

Klederbögel

Klobuk

Hoot

Kravata

Binner

Zadrga

Rietslüter

Čelada

Helm

Naramnice

Drachtband

Šolska uniforma

Schooluniform

Uniforma

Uniform

Slinček
Severböten

Duda
Snuller

Plenica
Winnel

Pisarna
Büro

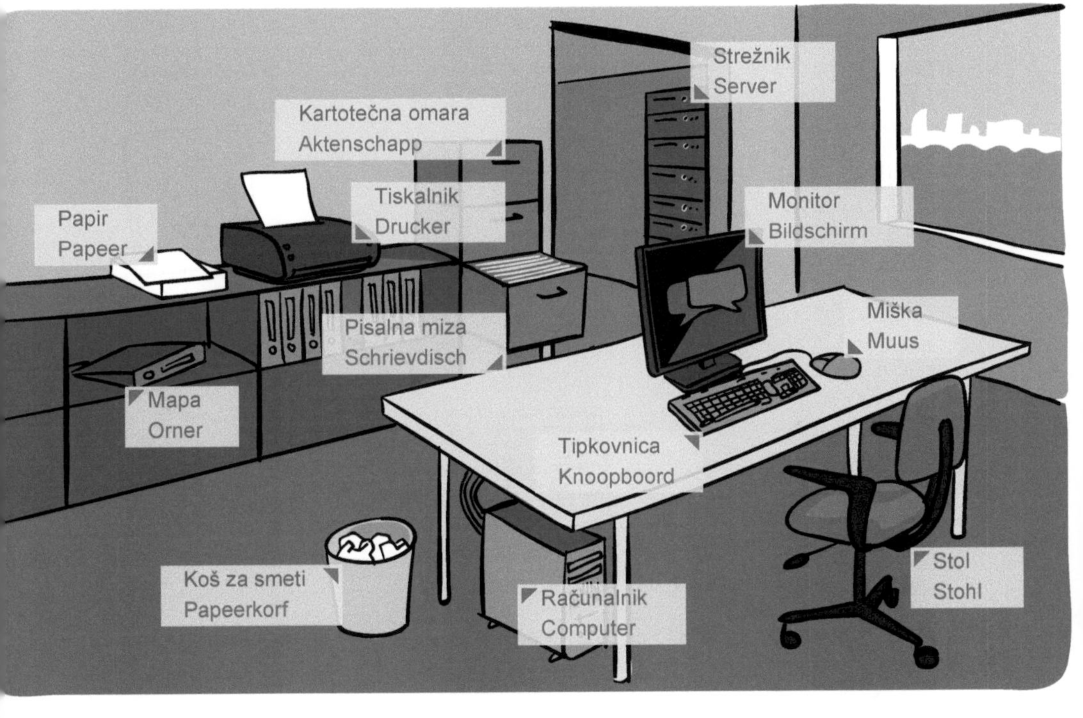

Strežnik
Server

Kartotečna omara
Aktenschapp

Tiskalnik
Drucker

Papir
Papeer

Monitor
Bildschirm

Miška
Muus

Pisalna miza
Schrievdisch

Mapa
Orner

Tipkovnica
Knoopboord

Stol
Stohl

Koš za smeti
Papeerkorf

Računalnik
Computer

Lonček za kavo
Koffiebeker

Kalkulator
Taschenreekner

Internet
Internet

Prenosnik

Klappreekner

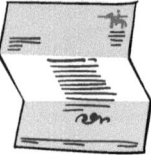

Pismo

Breef

Sporočilo

Naricht

Mobilnik

Ackersnacker

Omrežje

Nettwark

Kopirni stroj

Kopeerapparat

Programska oprema

Software

Telefon

Klöönkassen

Vtičnica

Steekdoos

Telefaks

Faxapparat

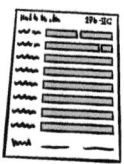

Obrazec

Formulor

Dokument

Dokument

Kupiti

köpen

Plačati

betahlen

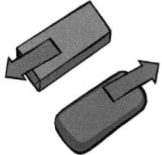

Trgovati

hanneln

Denar

Geld

Dolar

Dollar

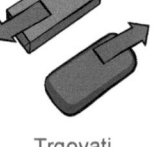

Evro

Euro

Jen

Yen

Rubelj

Ruvel

Švičarski frank

Swiezer Franken

Kitajski juan renminbi

Renminbi Yuan

Rupija

Rupie

Bankomat

Geldautomat

Menjalnica

Wesselstuuv

Zlato

Gold

Srebro

Sülver

Nafta

Ööl

Energija

Energie

Cena

Pries

Pogodba

Verdrag

Davek

Stüer

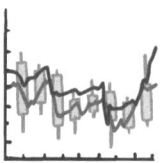

Delnice

Andeelschien

Delati

arbeiden

Delojemalec

Anstellte

Delodajalec

Arbeitgever

Tovarna

Fabrik

Trgovina

Hökerie

Poklici

Profeschonen

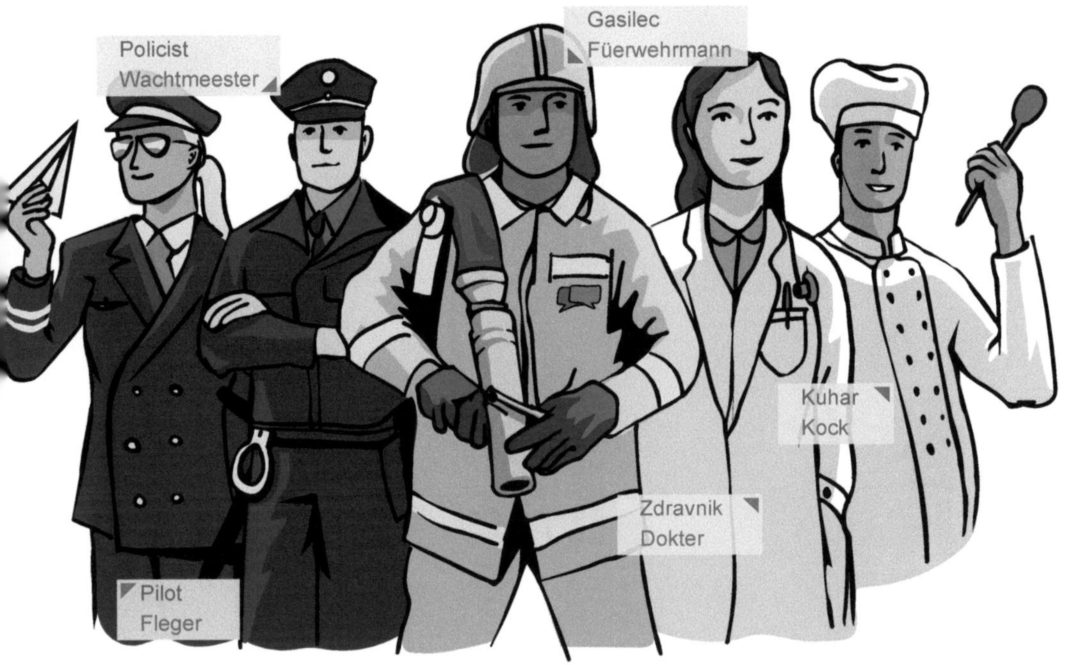
Policist
Wachtmeester
Gasilec
Füerwehrmann
Kuhar
Kock
Zdravnik
Dokter
Pilot
Fleger

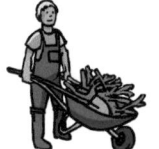

Vrtnar

Goorner

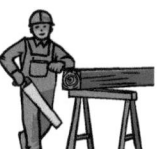

Mizar

Discher

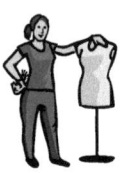

Šivilja

Neihersche

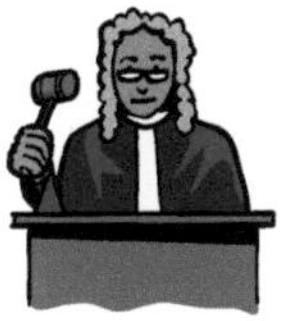

Sodnik

Richter

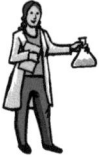

Kemik

Chemiker

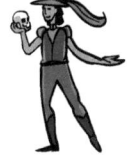

Igralec

Schauspeler

Voznik avtobusa

Busfohrer

Taksist

Taxifohrer

Ribič

Fischer

Čistilka

Reinmaakfru

Krovec

Dackdecker

Natakar

Kellner

Lovec

Jäger

Pleskar

Maler

Pek

Bäcker

Električar

Elektriker

Gradbenik

Buarbeider

Inženir

Ingenieur

Mesar

Slachter

Vodovodni inštalater

Klempner

Poštar

Postbüdel

Vojak
Suldat

Arhitekt
Architekt

Blagajnik
Kasserer

Cvetličar
Florist

Frizer
Putzbüdel

Sprevodnik
Schaffner

Mehanik
Mechaniker

Kapitan
Kaptein

Zobozdravnik
Tähndokter

Znanstvenik
Wetenschopler

Rabin
Rabbi

Imam
Imam

Menih
Mönk

Duhovnik
Paap

Kladivo
Hamer

Klešče
Tang

Izvijač
Schruvendreiher

Kleščni ključ

Vijačni ključ
Schruvenslötel

Žepna svetilka
Taschenlamp

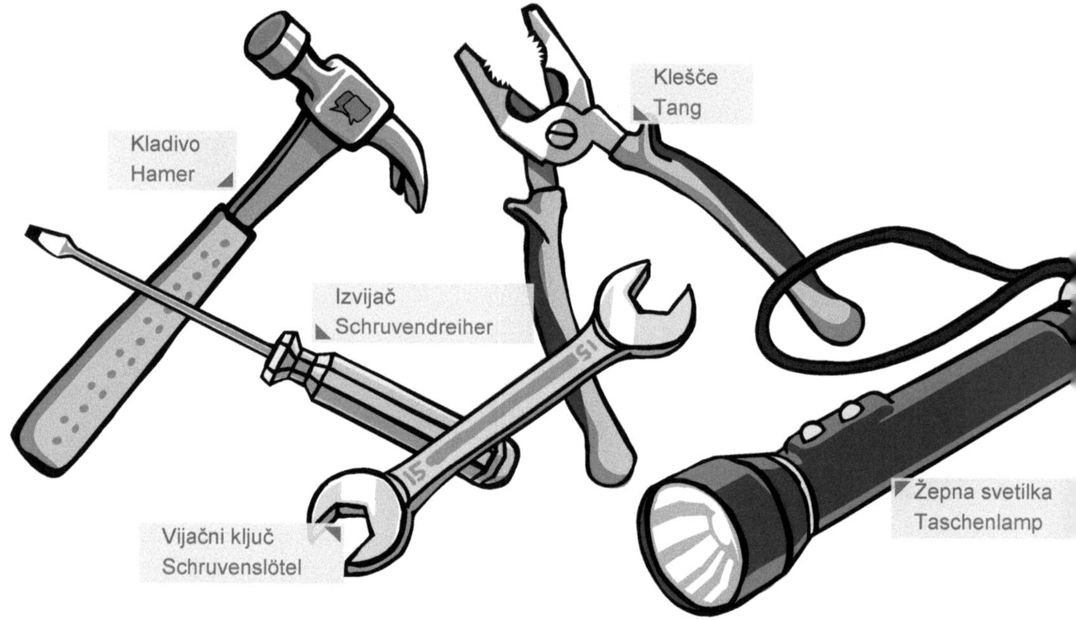

Bager
Grieper

Zaboj z orodjem
Warktüüchkassen

Lestev
Ledder

Žaga
Saag

Žeblji
Nagels

Vrtalnik
Bohrer

Popraviti

heelmaken

Lopata

Schüffel

Šment!

Schiet!

Smetišnica

Kehrblick

Posoda z barvo

Farvpott

Vijaki

Schruven

Glasbeni instrument
Musikinstrumenten

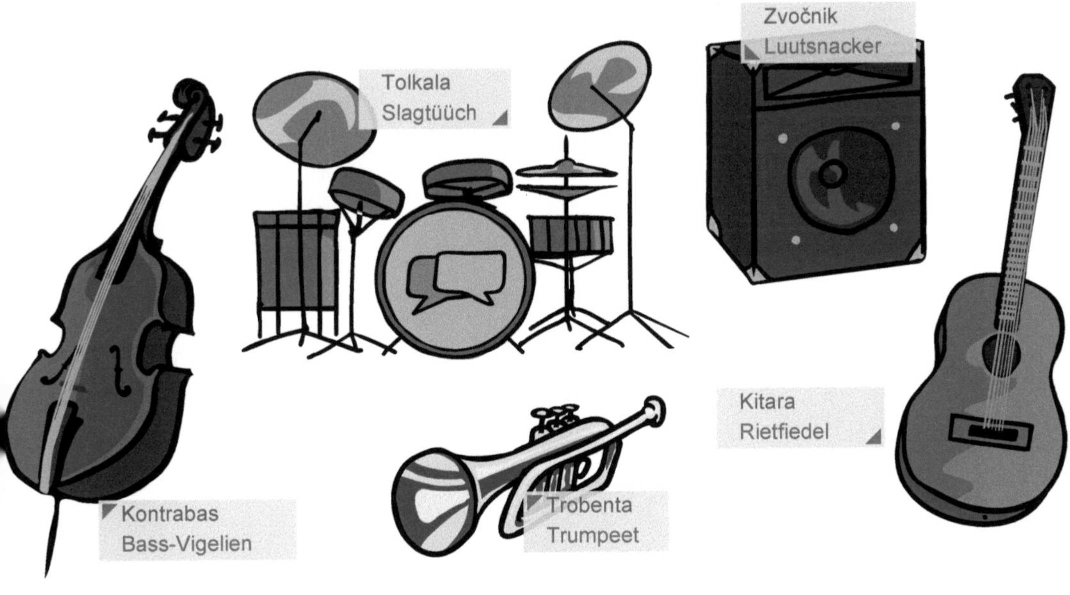

Zvočnik
Luutsnacker

Tolkala
Slagtüüch

Kitara
Rietfiedel

Kontrabas
Bass-Vigelien

Trobenta
Trumpeet

Klavir

Klaveer

Violina

Vigelien

Bas kitara

Bass

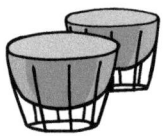

Pavke

Pauk

Bobni

Trummeln

Sintetizator

Keyboard

Saksofon

Saxophon

Flavta

Fleut

Mikrofon

Mikrofoon

Živalski vrt
Deertenpark

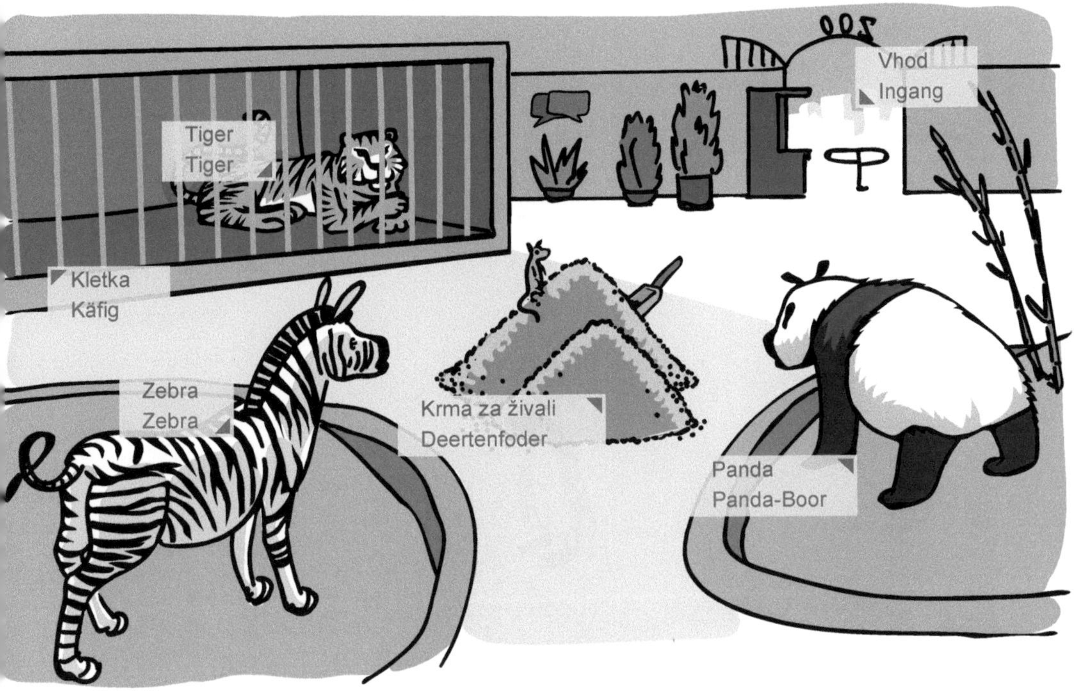

Vhod
Ingang
Tiger
Tiger
Kletka
Käfig
Zebra
Zebra
Krma za živali
Deertenfoder
Panda
Panda-Boor

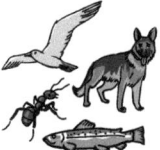

Živali
Deerten

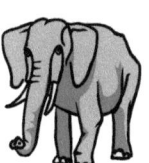

Slon
Elefant

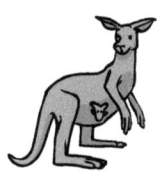

Kenguru
Känguru

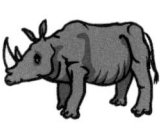

Nosorog
Neeshoorn

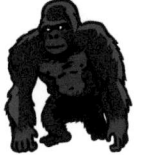

Gorila
Gorilla

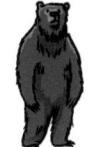

Medved
Boor

Kamela

Kameel

Noj

Struuß

Lev

Lööv

Opica

Aap

Plamenec

Flamingo

Papagaj

Papagoi

Severni medved

Iesboor

Pingvin

Pinguin

Morski pes

Haifisch

Pav

Pageluun

Kača

Slang

Krokodil

Krokodil

Oskrbnik v živalskem vrtu

Oppasser in'n Deertenpark

Tjulenj

Saalhund

Jaguar

Jaguor

Poni

Pony

Leopard

Leopard

Povodni konj

Nilpeerd

Žirafa

Giraff

Orel

Aadler

Divji prašič

Wildswien

Riba

Fisch

Želva

Schildkrööt

Mrož

Walross

Lisica

Voss

Gazela

Gazell

Ameriški nogomet
Amerikaansch Football

Kolesarjenje
Radfohren

Tenis
Tennis

Košarka
Korfball

Plavanje
Swümmen

Boks
Boxen

Hokej
Ieshockey

Nogomet
Football

Badminton
Fedderball

Atletika
Leichtathletik

Rokomet
Handball

Smučanje
Skilopen

Polo
Polo

Dejavnosti
Aktivitäten

Smejati se
lachen
Skočiti
springen
Objeti
ümarmen
Hoditi
gahn
Peti
singen
Sanjati
drömen
Moliti
beden
Poljubiti
snuteln

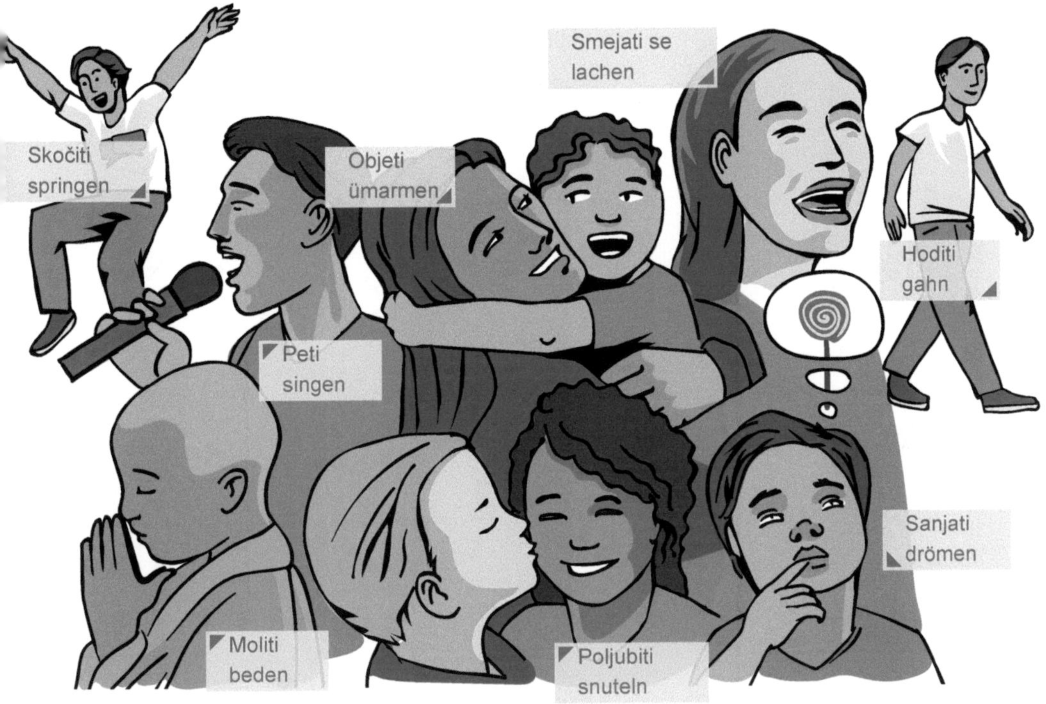

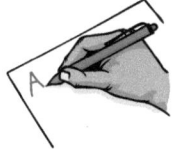

Pisati

schrieven

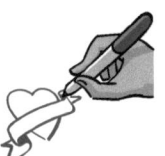

Risati

teken

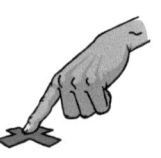

Pokazati

wiesen

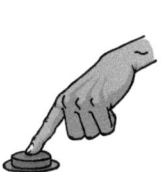

Potisniti

drücken

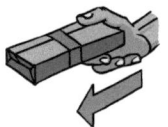

Dati

geven

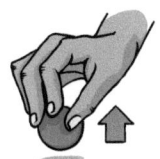

Vzeti

nehmen

Imeti

hebben

Narediti

doon

Biti

sien

Stati

stahn

Teči

lopen

Vleči

trecken

Vreči

smieten

Pasti

fallen

Ležati

liggen

Čakati

töven

Nositi

dregen

Sedeti

sitten

Obleči se

antrecken

Spati

slapen

Zbuditi se

opwaken

Gledati

ankieken

Jokati

wenen

Božati

eien

Česati se

kämmen

Govoriti

snacken

Razumeti

verstahn

Vprašati

fragen

Poslušati

hören

Piti

drinken

Jesti

eten

Pospraviti

oprümen

Ljubiti

leefhebben

Kuhati

kaken

Voziti

fohren

Leteti

flegen

Jadrati

segeln

Računanje

reken

Brati

lesen

Učiti se

lehren

Delati

arbeiden

Poročiti se

de Plünnen tohoopsmieten

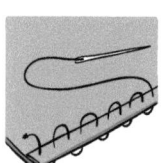

Šivati

neihen

Ščetkati si zobe

Tähnen putzen

Ubiti

dootmaken

Kaditi

smöken

Poslati

schicken

Družina
Familje

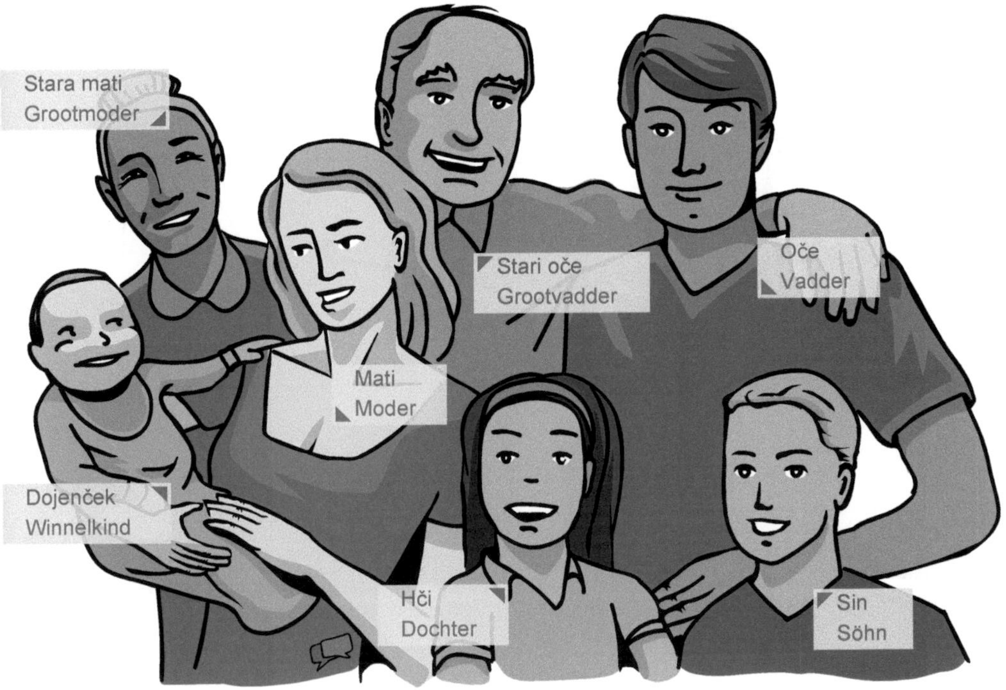

Stara mati
Grootmoder
Stari oče
Grootvadder
Oče
Vadder
Mati
Moder
Dojenček
Winnelkind
Hči
Dochter
Sin
Söhn

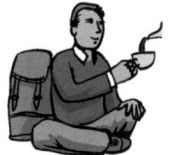

Gost
Gast

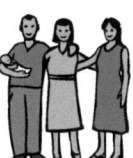

Teta
Tant

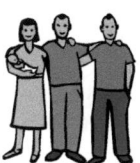

Stric
Unkel

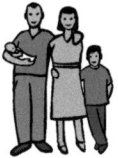

Brat
Broder

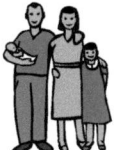

Sestra
Süster

Telo

Lief

Čelo
Vörkopp
Oko
Oog
Rama
Schuller
Prst
Finger
Obraz
Gesicht
Brada
Kinn
Dlan
Hand
Noga
Been
Prsi
Bost
Roka
Arm

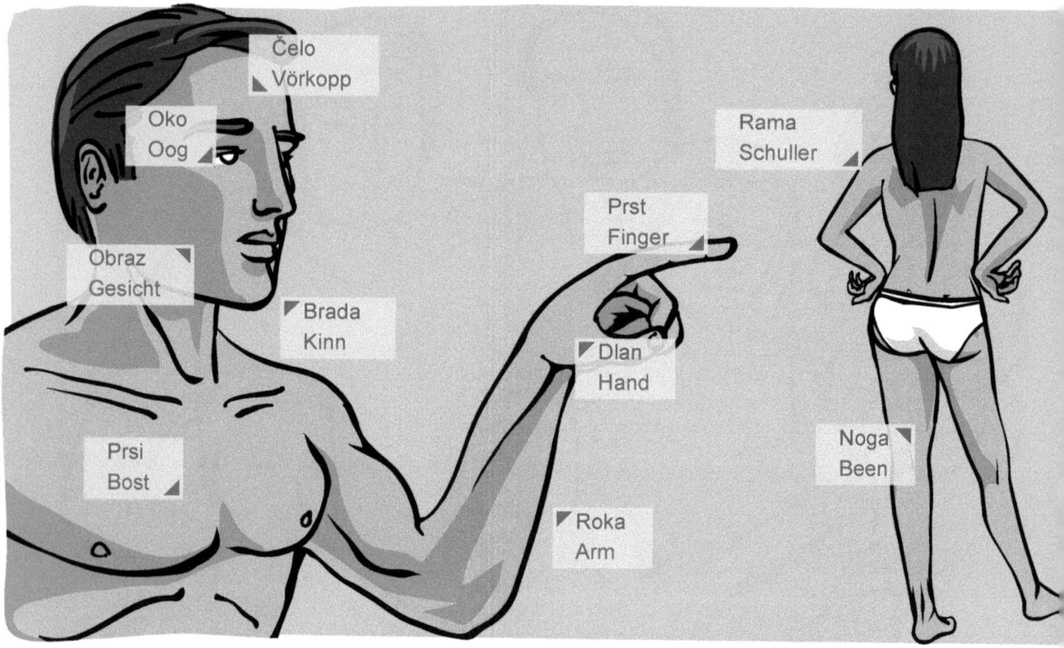

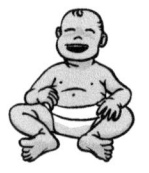

Dojenček

Winnelkind

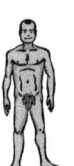

Človek

Mann

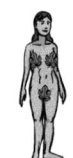

Ženska

Fro

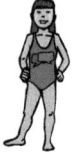

Dekle

Deern

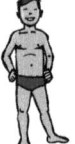

Fant

Jung

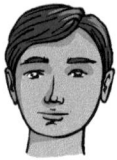

Glava

Arm

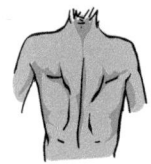

Hrbet
Rüch

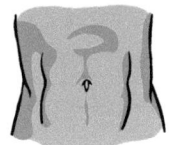

Trebuh
Buuk

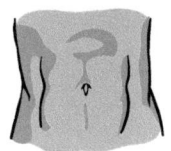

Popek
Navel

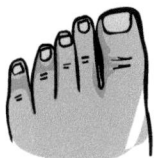

Prst na nogi
Teh

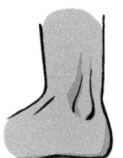

Peta
Hack

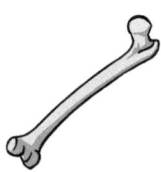

Kost
Knaken

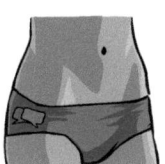

Kolk
Hüft

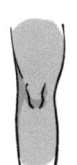

Koleno
Knee

Komolec
Ellbagen

Nos
Nees

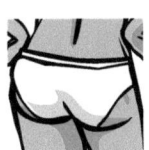

Zadnjica
Achtersen

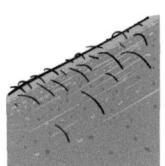

Koža
Huut

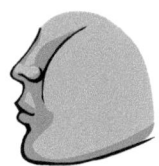

Lice
Back

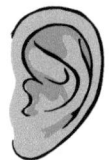

Uho
Ohr

Ustnica
Lipp

Usta

Mund

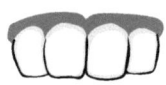

Zob

Tähn

Jezik

Tung

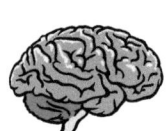

Možgani

Bregen

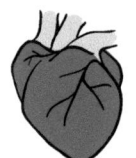

Srce

Hart

Mišica

Muskel

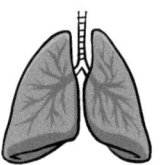

Pljuča

Lung

Jetra

Lever

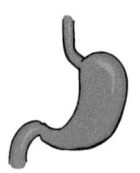

Želodec

Maag

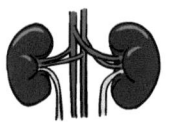

Ledvice

Neren

Spolni odnos

Bislaap

Kondom

Kondoom

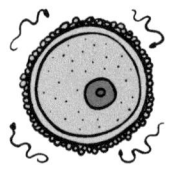

Jajčece

Eizell

Semenska tekočina

Sperma

Nosečnost

Anner Ümstänn

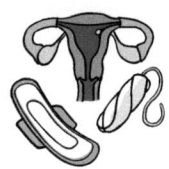

Menstruacija
Menstruatschoon

Vagina
Scheed

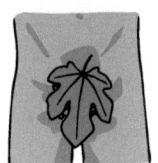

Penis
Pint

Obrv
Ogenbroe

Lasje
Hoor

Vrat
Hals

Bolnišnica
Krankenhuus

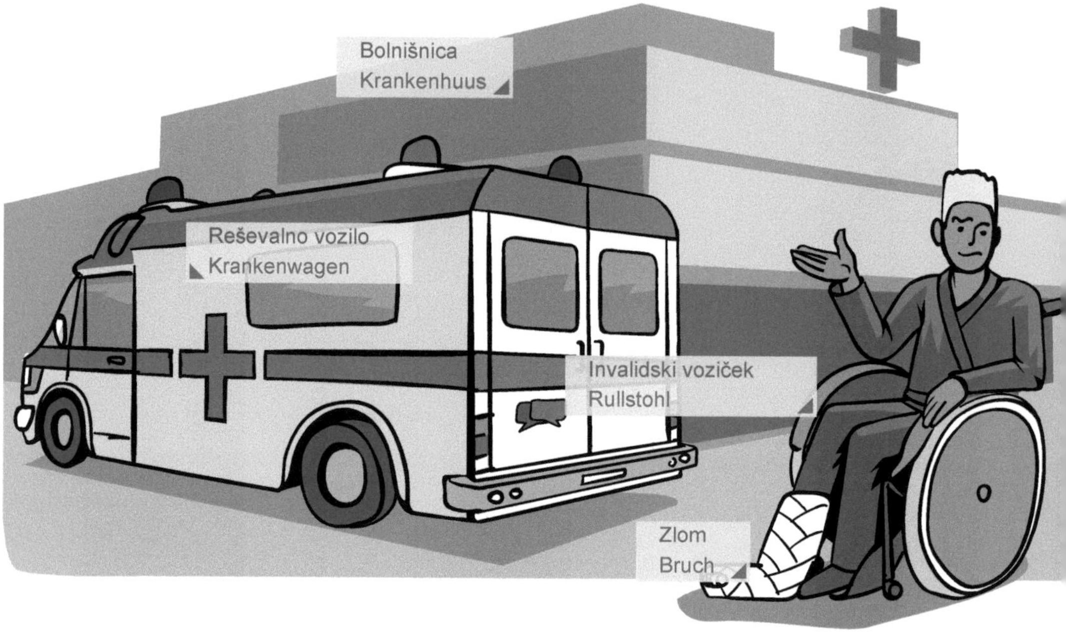

Bolnišnica
Krankenhuus
Reševalno vozilo
Krankenwagen
Invalidski voziček
Rullstohl
Zlom
Bruch

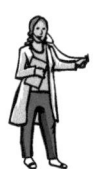

Zdravnik

Dokter

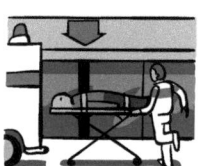

Urgenca

Nootopnahm

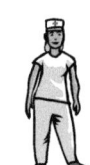

Medicinska sestra

Krankensüster

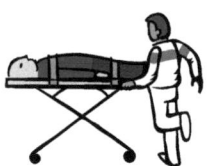

Nujni primer

Nootfall

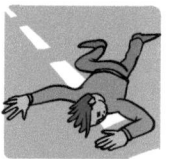

Nezavesten

ahnmächtig

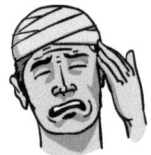

Bolečina

Wehdaag

Poškodba

Verwunnen

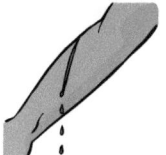

Krvavenje

Blöden

Srčni infarkt

Hartinfarkt

Kap

Slaganfall

Alergija

Allergie

Kašelj

Hoosten

Vročina

Fever

Gripa

Gripp

Driska

Dörchfall

Glavobol

Koppwehdaag

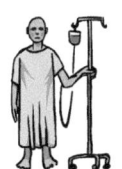

Rak

Kreeft

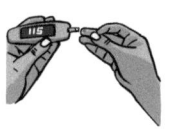

Sladkorna bolezen

Zuckersüük

Kirurg

Chirurg

Skalpel

Chirurgsch Mess

Operacija

Operatschoon

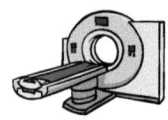

CT

CT

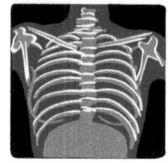

Rentgen

Dörchlüchten

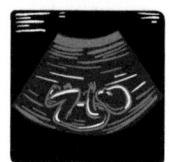

Ultrazvok

Ultraschall

Obrazna maska

Mask

Bolezen

Krankheit

Čakalnica

Töövruum

Bergla

Krück

Obliž

Plaaster

Preveza

Verband

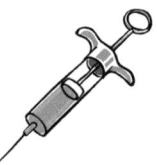

Injekcija

Insprütten

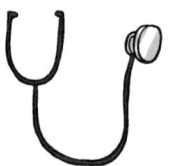

Stetoskop

Stethoskop

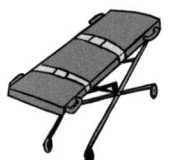

Nosila

Draag

Klinični termometer

Feverthermometer

Porod

Geboort

Prekomerna teža

Övergewicht

Slušni pripomoček

Höörapparat

Razkužilo

Kiemfriemiddel

Okužba

Ansteken

Virus

Virus

HIV / AIDS

HIV / AIDS

Medicina

Heelmiddel

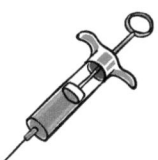

Cepljenje

Impen

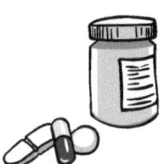

Tablete

Tabletten

Tableta

Pill

Klic v sili

Nootroop

Merilnik krvnega tlaka

Blootdruck-Meter

bolano / zdravo

krank / gesund

Na pomoč!

Hölp!

Alarm

Alarm

Napad

Överfall

Napad

Angreep

Nevarnost

Gefohr

Izhod v sili

Nootutgang

Gori!

Füer!

Gasilni aparat

Füerlöscher

Nezgoda

Unfall

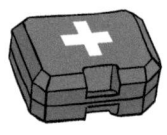

Komplet za prvo pomoč

Noothölpkoffer

SOS

SOS

Policija

Polizei

Evropa

Europa

Severna Amerika

Noordamerika

Južna Amerika

Süüdamerika

Afrika

Afrika

Azija

Asien

Avstralija

Australien

Atlantski ocean

Atlantik

Tihi ocean

Pazifik

Indijski ocean

Indisch Weltmeer

Južni ocean

Antarktisch Weltmeer

Arktični ocean

Arktisch Weltmeer

Severni tečaj

Noordpol

Južni tečaj

Süüdpol

Antarktika

Antarktis

Zemlja

Eerd

Kopno

Land

Morje

See

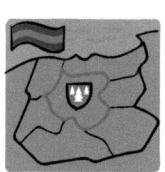

Otok

Eiland

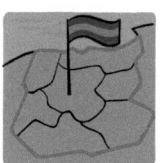

Narod

Natschoon

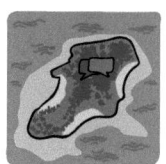

Država

Staat

Številčnica

Tallenblatt

Urni kazalec

Stunnenwieser

Minutni kazalec

Minutenwieser

Sekundni kazalec

Sekunnenwieser

Koliko je ura?

Wo laat is dat?

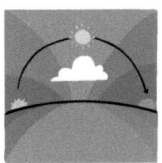

Dan

Dag

Čas

Tiet

Zdaj

nu

Digitalna ura

digetaalsch Klock

Minuta

Minuut

Ura

Stunn

Teden
Week

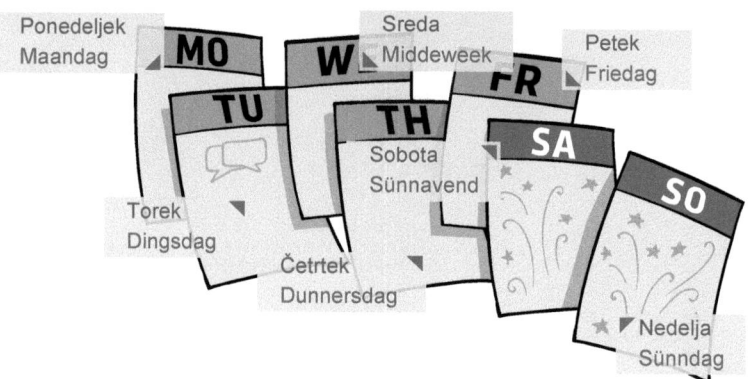

Ponedeljek
Maandag — **MO**

Torek
Dingsdag — **TU**

Sreda
Middeweek — **W**

Četrtek
Dunnersdag — **TH**

Petek
Friedag — **FR**

Sobota
Sünnavend — **SA**

Nedelja
Sünndag — **SO**

Včeraj

güstern

Danes

hüüt

Jutri

morgen

Jutro

Morgen

Poldne

Meddag

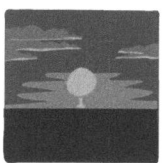

Večer

Avend

MO	TU	WE	TH	FR	SA	SU
1	2	3	4	5	6	7
8	9	10	11	12	13	14
15	16	17	18	19	20	21
22	23	24	25	26	27	28
29	30	31	1	2	3	4

Delovni dnevi

Arbeitsdaag

MO	TU	WE	TH	FR	SA	SU
1	2	3	4	5	6	7
8	9	10	11	12	13	14
15	16	17	18	19	20	21
22	23	24	25	26	27	28
29	30	31	1	2	3	4

Konec tedna

Wekenenn

Leto
Johr

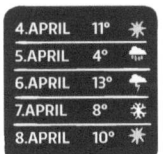

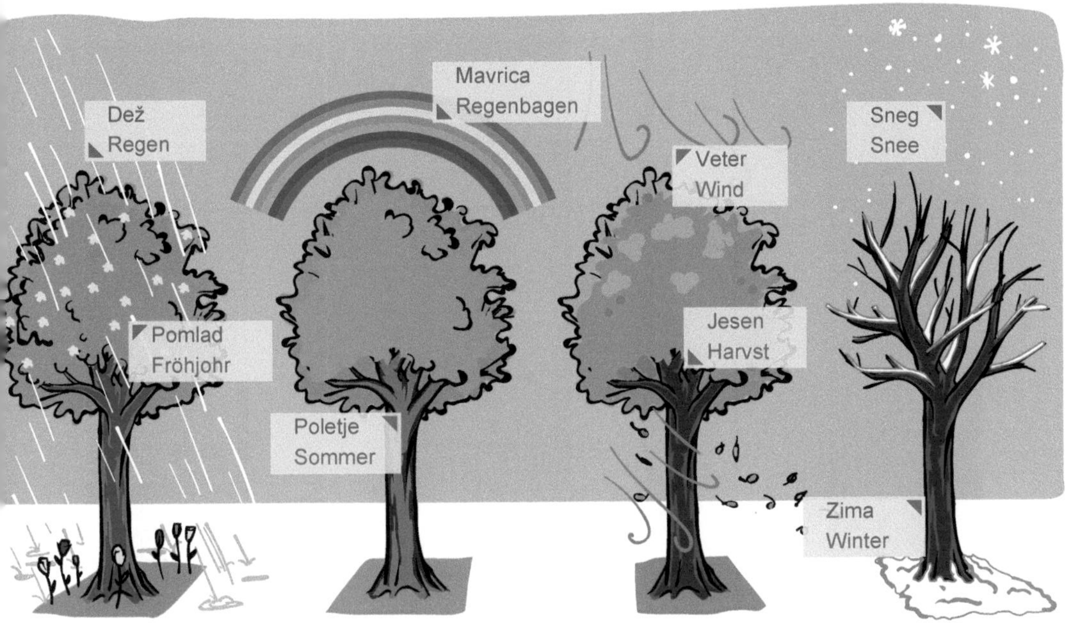
Dež
Regen
Mavrica
Regenbagen
Veter
Wind
Sneg
Snee
Pomlad
Fröhjohr
Jesen
Harvst
Poletje
Sommer
Zima
Winter

4.APRIL 11°
5.APRIL 4°
6.APRIL 13°
7.APRIL 8°
8.APRIL 10°

Vremenska napoved
Wedervörhersaag

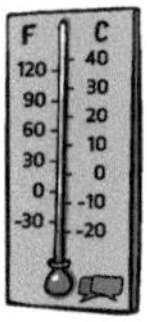
F
C
120
90
60
30
0
-30
40
30
20
10
0
-10
-20

Termometer
Thermometer

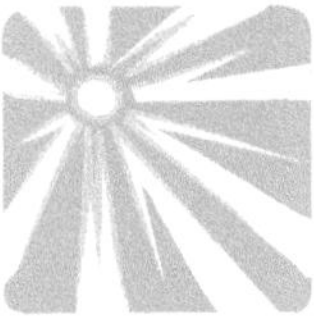

Sončna svetloba
Sünnenschien

Oblak
Wulk

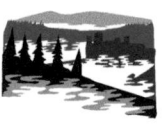

Megla
Nevel

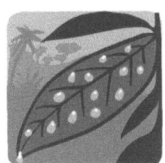

Vlažnost
Luftfuchtigkeit

Strela

Blitz

Grom

Dunner

Nevihta

Storm

Toča

Hagel

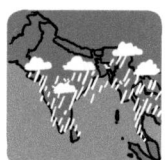

Monsun

Monsun

Poplava

Floot

Led

les

Januar

Januormaand

Februar

Februormaand

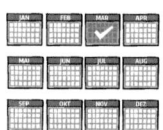

Marec

Martmaand

April

Aprilmaand

Maj

Maimaand

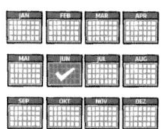

Junij

Junimaand

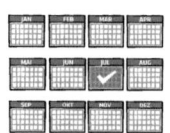

Julij

Julimaand

Avgust

Augustmaand

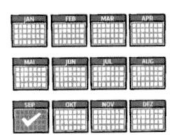

September
Septembermaand

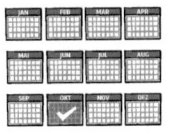

Oktober
Oktobermaand

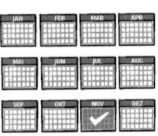

November
Novembermaand

December
Dezembermaand

Oblike

Formen

Krogla
Krink

Kvadrat
Quadrat

Pravokotnik
Rechteck

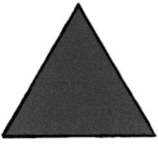

Trikotnik
Dreeeck

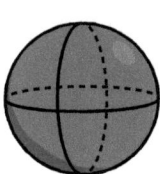

Krogla
Kugel

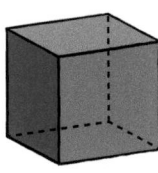

Kocka
Wörpel

Barve

Farven

Bela

witt

Rumena

geel

Oranžna

orangsch

Rožnata

pink

Rdeča

root

Vijolična

lila

Modra

blau

Zelena

gröön

Rjava

bruun

Siva

gries

Črna

swart

veliko / malo

veel / wenig

jezno / umirjeno

böös / verdreeglich

lepo / grdo

smuck / mies

začetek / konec

Begünn / Enn

veliko / majhno

groot / lütt

svetlo / temno

hell / düüster

brat / sestra

Broder / Süster

čisto / umazano

schier / schietig

popolno / nepopolno

kumpleet / nich kumpleet

dan / noč

Dag / Nacht

mrtvo / živo

doot / lebennig

široko / ozko

breet / small

užitno / neužitno

geneetbor / nich geneetbor

zlobno / prijazno

böös / fründlich

vznemirjeno / zdolgočaseno

fickerig / langwielt

debelo / vitko

dick / dünn

prvo / zadnje

toeerst / toletzt

prijatelj / sovražnik

Fründ / Fiend

polno / prazno

vull / leddig

trdo / mehko

hart / week

težko / lahko

swoor / licht

lakota / žeja

Smacht / Döst

bolano / zdravo

krank / gesund

nezakonito / zakonito

nich na't Recht / na't Recht

pametno / neumno

klook / dummerhaftig

levo / desno

linkerhand / rechterhand

blizu / daleč

neeg / feern

novo / rabljeno

nieg / bruukt

nič / nekaj

nix / wat

staro / mlado

oolt / jung

vklopljeno / izklopljeno

an / ut

odprto / zaprto

apen / slaten

tiho / glasno

lies / luut

bogato / revno

riek / arm

prav / narobe

richtig / verkehrt

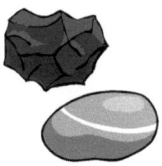

grobo / gladko

ruug / glatt

žalostno / veselo

trurig / glücklich

kratko / dolgo

kort / lang

počasi / hitro

suutje / flink

mokro / suho

natt / dröög

toplo / hladno

warm / köhl

vojna / mir

Krieg / Freden

Nasprotja - Gegendelen

0	**1**	**2**
Ničla	Ena	Dva
null	een	twee

3	**4**	**5**
Tri	Štiri	Pet
dree	veer	fief

6	**7**	**8**
Šest	Sedem	Osem
söss	söven	acht

9	**10**	**11**
Devet	Deset	Enajst
negen	teihn	ölven

12

Dvanajst

twölf

13

Trinajst

dörteihn

14

Štirinajst

veerteihn

15

Petnajst

föffteihn

16

Šestnajst

sössteihn

17

Sedemnajst

söventeihn

18

Osemnajst

achtteihn

19

Devetnajst

negenteihn

20

Dvajset

twintig

100

Sto

hunnert

1.000

Tisoč

dusend

1.000.000

Milijon

million

Angleščina

Engelsch

Ameriška angleščina

Amerikaansch Engelsch

Mandarinščina

Chineesch Mandarin

Hindujščina

Hindi

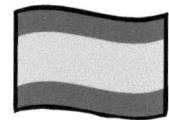

Španščina

Spaansch

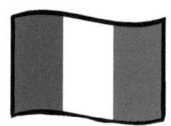

Francoščina

Franzöösch

Arabščina

Araabsch

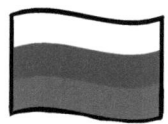

Ruščina

Rusch

Portugalščina

Portugiesch

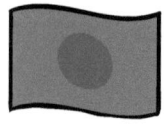

Bengalščina

Bengaalsch

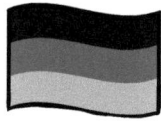

Nemščina

Düütsch

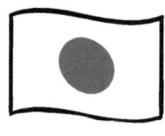

Japonščina

Japaansch

Jaz

ik

Ti

du

On / ona / tisto

he / se / dat

Mi

wi

Vi

ji

Oni

se

Kdo?

keen?

Kaj?

wat?

Kako?

woans?

Kje?

woneem?

Kdaj?

wannehr?

Ime

Naam

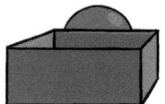

Zadaj

achter

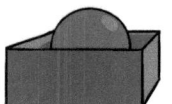

V

in

Pred

vör

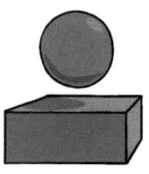

Nad

över

Na

op

Pod

ünner

Poleg

blangen

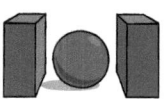

Med

twüschen

Kraj

Oort